YOUR TAROT COURT

READ ANY DECK WITH CONFIDENCE

塔羅宮廷牌

原型人物解牌祕笈

Ethony Dawn

伊索妮・朵恩——著　黃春華——譯

楓樹林

專文推薦

◎阿德勒心理學認爲所有的煩惱都是人際關係的煩惱，宮廷牌則演繹出我們自身與他人之間的互動所展現的樣子；此書有實務的解析，在練習當中讓我們更理解自己與身旁的人，彷彿宮廷牌的人物就在我們眼前活脫脫的演出。

——于玥占星療癒心理師

◎宮廷牌是學塔羅時最困難上手的，在塔羅教學中，我會先讓學生瞭解大牌、小牌，最後再來理解宮廷牌。因爲其他牌面都有很明顯的意思，但宮廷牌卻需要對塔羅牌的融會貫通。在占卜中，宮廷牌其實是最不可或缺的牌，也是我教學課程中，最被學生覺得困擾的幾張牌。然而竟然有人針對宮廷牌出書了！眞的讓我太好奇了吧！

在我的占卜中，宮廷牌不只在講這個問題的問卜者心態，也同時可以看問題中的貴人與小人，因此，去理解每張牌的「個性」就是極爲重要的。此書利用各種不同的角色來帶讀者聯想，述說宮廷牌的故事與關鍵字，讓讀者能更快去帶入牌角色中個性與定位。甚至塔羅解讀中最重要的「時間點」，此書也教你如何用宮廷牌的角度去預測，眞的讓我有了新的眼界！原來也可以有這樣的角度啊！推薦所有初學者或是有學習過塔羅的朋友，都一定要買這本書！用不同的角度了解宮廷牌，對你的塔羅占卜一定更有幫助！

——小龐老師

◎占卜的時候，宮廷牌可能象徵與事件有關的任何人；只有拋開外在條件制約，同理角色本質，才能運用自如。作者親切活潑的介紹，讓我們在輕快的閱讀體驗中，與宮廷人物互動、遊戲，同時也重演了自己的生命戲劇。

——塔羅與藝術工作者／玄享（楊善淳）

◎不可否認，宮廷牌是眾多塔羅牌初學者最大的學習瓶頸，而此一困擾大家的問題將在這一本書中獲得徹底的解決。本書核心圍繞在宮廷牌各個面向，讓宮廷牌輕鬆地進入占卜儀式中，此書不僅造福初學者，同時也成爲塔羅牌推廣者的福音。在此誠摯推薦給您！

——「我在人間系列」作家、靈修、瑜伽士／宇色

◎其實，對一個有經驗的塔羅牌使用者而言，「牌義」沒有祕密，我們只是需要一個合理的分辨系統，去做設定和分類它。這是一本簡單清晰的工具書，當中有一些易

上手的設定方法建議，很適合初學者嘗試發展自己解讀宮廷牌義的方法。還滿有趣的。也很好懂。

——FB：阿梅．心的家、自辦人文塔羅私塾班／黃詠梅」

◎許多人在使用塔羅牌的過程中，只要遇到「宮廷牌」出現時就不知道該怎麼解釋，也常會有卡住的感覺。而這十六位宮廷牌人物，作者用非常生活化的「原型人物」方式呈現，讓使用者更好理解，一看就懂。我特別喜歡每一位宮廷人物的「口頭禪」，可愛逗趣又生動。相信塔羅愛好者都會喜歡這本書並從中獲益，真心推薦給大家！

——諮商心理師、左西人文空間創辦人／陳盈君

◎我很喜歡作者透過原型意象解析塔羅的方式，讓每張牌都成爲活生生的人物，或許是你身旁長不大的朋友，或是寵溺你的伴侶，甚至是你討厭的主管，他們個個擁有獨特的生命故事，誠摯邀請你翻開書，坐下來跟他們聊聊天。

——諮商心理師&催眠師、幽樹的療癒客棧 臉書專頁經營者／張義平（幽樹）

◎專門探析塔羅牌中宮廷牌的著作終於問世了！宮廷牌藏有諸多奧秘，若能掌握宮廷牌透露的訊息，可迅速知曉人我、物我關係，其更可能諭示著權力關係、內在感受

與身分認同。而本書詳盡探討侍者、騎士、皇后、國王之脈絡，深入淺出解析宮廷牌之人物、元素、占星以及對應時序，塔羅牌的愛好者絕不容錯過。

——寓言盒子

目錄

Chapter 6 用宮廷牌預測時間

Chapter 7 身分階級、角色以及宮廷牌的演進

Chapter 8 原型與宮廷牌

Chapter 9 宮廷人物的愛情

Chapter 10 宮廷牌與流行文化角色人物

Chapter 11 宮廷牌的占卜牌陣

附錄 宮廷牌解牌小抄

序言

現在你進入的世界，是一個充滿權謀、權勢、強烈意志，而且面目變化無常的地方。歷史已經告訴我們，王室宮廷乃極端危險之地，在這裡，人人胸前都舉著一副牌（這可不是雙關語唷），只要一步出錯，就可能死在對家手下，命運悲慘。由此可知，爲什麼宮廷牌在塔羅占卜中這麼難解讀。人總是變化無常，而且戴了很多層面具。

在我開始認眞研究塔羅牌那段時間，我的占卜牌陣老是出現宮廷牌，這讓我非常沮喪，但也確實逼迫我不得不去學習，如何跟這幾張非常重要的塔羅牌連結和溝通。

宮廷牌可能是整副塔羅牌裡面最難解的牌。因此，我決定撰寫這本書和設計一些練習，來幫助你更深入了解宮廷牌，這樣你就不會在占牌前先將它們從整副牌中拿出來（對啊我知道你們在那邊就好），也不會在翻到宮廷牌時驚慌失色。別害怕，宮廷牌的存在是爲了幫助你更了解自己以及你身邊的人，讓你看清楚你在私人生活和工作場合上的特定行爲模式，然後善加利用你個人的優勢。就算讀完這整本書，你可能還是會對宮廷牌感到困擾，不過，保留一點神祕感未必不是一件好事。

塔羅牌最令人不可思議的一件事情就是，你永遠無法停下學習腳步，因爲塔羅牌義的層次實在太豐富了。只要你問的問題不同、這張牌在牌陣中的位置不同、相鄰牌不同，這張牌的意義和經歷就會跟著改變。不僅如此，我們還會把自己的生命故事和經驗帶到占卜桌上，這又替占卜解牌增添了另一層意義。這就是為什麼要成為一名優秀老練、深諳解牌訣竅的塔羅占卜師，要花上這麼多年的時間。

這本書會從各種角度來幫助你探索宮廷牌，不會只有單單一種方式。這是一本道道地地能夠「幫助你了解你個人生命中的宮廷牌人物」的書，因此也會特意強調一個事實：每一張宮廷牌都不會只有一種牌義，也不是只能解決一種問題。

跟塔羅相處的時間愈長，你就會愈來愈熟練，知道每一張牌在何種時機之下代表什麼。

書裡有很多練習題，我強烈建議你用筆記本或空白日記簿來記錄你的塔羅旅程。我有好幾本用來記錄塔羅牌的筆記，而且一定會標示日期，便於我回頭複習和反思。作為一名習慣用視覺圖像來學習的人，我很喜歡用五顏六色來填滿我的筆記，所以常常都是用剪貼的方式來記錄。你也可以選擇最適合自己的素材來使用。

至於如何選擇塔羅套牌，只要你覺得牌面漂亮、細緻就可以了，尤其是宮廷牌的部分，一定要能讓你起共鳴。你愈喜歡這套牌，它們會跟你講的話就愈多，你的解牌經驗也會愈愉快。如果你對某幾張牌的感覺不是那麼好，也請不要擔心；那是正常的。比如，有時候我覺得宮廷牌裡面最醜的一張牌是寶劍王后，而她偏偏是我的指定牌！不管怎樣，我還是喜歡她的那張嚴肅面孔喔。

塔羅術語——指定牌／指示牌（significator）——這張牌代表你解牌的對象。可以是你自己、你的客户或是第三方人士。它可以幫你定錨眼前要解讀的這個牌陣，讓占卜結果更加清晰，尤其是關於那個人的資訊。如果你在占卜牌陣當中用到指定牌，你不需要去解釋這些指定牌；它們的目的是幫一個牌陣定錨、定位，代表某位人物的能量。

這些年來，我最常從我的學生和一些塔羅占卜師同業聽到關於宮廷牌的共同看法就是：占卜當中出現宮廷牌，最難捉摸的是，到底這張牌是代表問卜者生活中的某個人，還是問卜者自己的其中一個性格面貌？又或者，相當詭異的是，很可能兩者都是。宮廷牌之所以複雜難解，是因爲人本身就很複雜。

塔羅術語——問卜者（querent）——塔羅占卜的對象，向塔羅牌提出問題的人。如果你是幫自己占卜問牌，那麼問卜者就是你自己。

我自己對塔羅宮廷牌的看法是：宮廷牌代表我們生命中出現的各種人物原型（archetypes），以及我們如何跟生命中出現的人互動。當占卜牌陣中出現宮廷牌，你只要了解**問卜者在這個情境中所經歷的行為以及互動方式**，就能夠知道這些牌是代表誰。上面那句話字體加黑，是爲了提醒你記住這件事，因爲本書接下來的內容隨時都會運用到這個資訊。如果要從這整本書擷取一個精華重點來幫助你順利解讀宮廷牌，那非此莫屬：請注意牌面人物的行爲和互動方式。

從你正在經歷/或是所看到的行爲，以及你與人互動所產生的作用影響，你就能夠進入宮廷牌的核心，知道這些牌究竟是代表你生活中的哪些人，或者代表你自己的其他性格面貌。當你幫別人占卜時，可以把牌陣中出現的宮廷牌描述給你的客戶聽，然後問他們，是不是有哪些行爲和互動方式符合他們所詢問的事件，或者，他們自己是否就是表現出那些行爲和互動方式的人。

如果你的第六感很強，知道這幾張宮廷牌中有一張就是代表你的客戶，請記得，並不是每個人都有心理準備，願意去面對他們自己，雖然事實上塔羅就是一面鏡子，一面屬於靈魂的、能夠映照出原型模式的象徵之鏡。當牌陣中出現一張宮廷牌，如果它是正向、充滿活力的人物，通常人們都會認爲那張牌就是代表他們自己；如果這張牌的人物或性格不那麼討喜、行爲又很機車，那通常很難找出這張牌究竟代表誰。

如果你是塔羅占卜的新手，剛開始想要好好研究宮廷牌，請不要害怕。只要多多練習，假以時日你一定會發展出自己的解牌技巧。每一位塔羅占卜師、學生、執業人士、經驗豐富的老手，在他們學習塔羅的過程中，絕對都會聽到有人跟他們說「你說錯了」，或覺得你沒有百分之百說對。如果他們不承認這件事，那他們絕對是在吹牛。所以，儘管塔羅宮廷牌確實有點難捉摸，但千萬別因此害怕卻步。塔羅宮廷牌隱藏了非常多的知識，讓我們有機會認識自己以及我們生命中的人。

《塔羅宮廷牌》這本書將會幫助你剝去塔羅宮廷牌的層層外衣，深入了解這些角色人物的神祕面貌。你可以把每一個章節提供的資訊當作一塊塊美麗的積木，將它們堆疊起來，建構出你對於這些難以捉摸的角色的認識。我保證，當你以後解牌時，這些狡猾的混蛋絕對不會再把你絆倒、讓你跌跤。

本書每一個章節所提供的資訊，都是一塊積木，它們勢必要被堆疊在一起使用。每一次你對一位宮廷人物有了新的認識，你的知識積木就會多增加一塊。因此，閱讀時請依照章節順序，然後完成該章所附的作業練習，實際去演練這些資訊。

附錄的部分是十六張宮廷牌的快速查閱單，當你需要確認某些關鍵資訊或主題內容時，這份查閱單可以幫助你很快回想起相關資訊。如果你從頭依照章節順序來讀這本書，你會更了解這份快速查閱單的內容，不過，如果你已經浸淫塔羅一段時間，有一些實作基礎了，光讀這份資料也能夠完全理解。總而言之，就是請好好閱讀我爲你寫的這些美好的文字吧。

Chapter1

塔羅牌的結構

The Structure of The Tarot

我認爲，我們看待塔羅的方式，以及對於塔羅的經驗，都是非常個人的，而且一直在演變。分析塔羅結構的方式有很多種；在這裡，我想先跟各位分享我個人如何解構塔羅，來作爲本書的閱讀基礎。塔羅牌主要分爲三部分：大阿爾克那、小阿爾克那，以及宮廷牌。

大阿爾克那

大阿爾克那由二十二張有標題的牌所組成。我認爲，大阿爾克那代表的是神聖意旨的原型。有一些「重大」課題是我們窮盡一生也無法完全了解的。它們是蘊含著大眾集體意識的靈性存在，如果拿掉標題，單就能量來說，它們是跨越文化差異的。它們是人類集體潛意識的原型呈現。不隨時間推移而改變、具有指示作用的模式，都是人類本性和經驗之內原有的部分。每一張大阿爾克那牌都有一個編號、有它別具意義的順序位置，還有一個標題，能讓你連結它的牌義和更深層的課題。

小阿爾克那

小阿爾克那包含四個不同元素與符號的牌組。每一個牌組都以王牌爲開始、以數字

10作為結束。我認為，小阿爾克那代表的是我們的生活方式，以及大阿爾克那具體落實在我們日常生活中的經驗。透過小阿爾克那的圖像和牌義，我們把神聖意旨，也就是更大的人生圖像，落實到我們的日常生活中。它們是作為一種提醒，告訴我們，每一件事情都是聖意；我們可以透過每一件事情得到學習。它是宇宙意識在人間的鏡像反照。小阿爾克那讓我們看到眞實世界的作用、因果關係，以及我們在生命過程、愛情、事業，以及靈性上可能會經歷的情境。

宮廷牌

宮廷牌包含了塔羅牌中以及我們眞實生活中的人物與性格，也代表我們自己的個人性格原型，以及我們在日常人際關係中所扮演的各種角色和行為。透過宮廷牌，我們可以看見人與人之間不同的互動模式。

宮廷牌是文化和集體意念的反照，也反映出我們在意識上和潛意識中選擇扮演的角色。透過宮廷牌，我們能夠探知自身內在不同層次的面貌，了解為什麼我們會用某種方式去跟別人應對互動。宮廷牌也可以讓我們認識身邊的人，幫助我們修復人際關係，讓我們和他人有更好的連結。

練習

認識十六張宮廷牌

要進行這項練習，你需要有一副塔羅牌、一本筆記和一支筆。

把你之前對於宮廷牌的認知（如果有的話）都先忘掉，盡可能讓自己像一張白紙來做這個練習。這個練習會讓你從完全不同的角度了解宮廷牌。如果你手上有全新未使用過的塔羅套牌，那拿來做這個練習會更棒。

選好你要使用的塔羅套牌，然後把宮廷牌全部取出來，剩下的牌先暫時放在一邊，這個練習不會用到。

你可以把這十六張宮廷牌徹底洗牌，但我建議你弄得簡單一點，方便你待會兒做練習時可以依照牌組順序來做筆記（比如，把所有聖杯牌放在一起，或是把所有侍者牌放在一起）。

現在，拿起這堆宮廷牌的第一張牌。在你的筆記上寫下這張牌的標題頭銜，然後花一點時間仔細觀看這張牌。詳細研究它的細節，包括：外觀顏色、牌面上的風景地貌、這位宮廷人物的面部表情、有沒有其他動物或符號、這張牌給你的整體感覺等等。以下有一份我們建議的問題清單，供你作爲檢視手上這張牌的參考，把你的回答寫在你的塔羅筆記上。

提問建議

侍者牌

- 你最喜歡玩什麼遊戲？
- 你長大後想成爲什麼樣的人？
- 你有什麼寵物？

騎士牌

- 你要去哪裡？
- 你的人生在追求什麼？
- 你最喜歡的旅行目的地是什麼？

王后牌

- 你熱愛什麼？
- 你對權勢力量的評價是什麼？
- 你最喜歡擁有什麼？

國王牌

- 低潮時你會怎麼做？
- 人們如何對你證明他們的價值？
- 你最喜歡的書是什麼？

愈了解這些宮廷人物的行爲反應、動機以及想法，你就愈容易在占牌時辨識出這些宮廷牌是代表誰。

Chapter2

宮廷牌過時了嗎？

Is the Tarot Court Dated?

塔羅擁有非常古老的歷史，從十四世紀歐洲的一種紙牌遊戲，演變至今，已成爲眾人用來算命、占卜、諮商、寫作以及治療的工具。宮廷牌上的標題頭銜可說已經擺脫歷史局限，經得起時間的考驗。儘管塔羅和整個人類社會所關注的議題已經改變，但組成社會的人心欲求卻大抵未曾變過。我們都需要庇護住所、食物、愛情等等這些東西；我們都有自己的人際脈絡，在各種體制當中生活。在我看來，塔羅就是一本鮮活的生命之書。它讓我們看到人類社會中可能出現的種種人格原型、事件狀態，以及需要學習的課題。而宮廷牌就是這本生命之書的一部分。

宮廷牌的四個身分都是古代王室成員，而在當代，宮廷王室已經非常罕見。國王和王后大概只會出現在電視劇、電影、書籍當中。當代的王室家族，儘管仍受大眾注目，但他們身處的階級體制並非我們一般人所能擁有。這個體制內有它自己的一套規則和章程在運作，所有成員都必須嚴格遵從。他們跟我們不一樣，他們不是凡夫俗子。現在擁有這種王室般崇高地位的人，已擴及到演員影星、運動明星以及一些社交媒體大亨。

表面上看來，宮廷牌的這四個身分頭銜似乎跟我們無法產生關聯，因此有人認爲宮廷牌根本沒有存在必要。這些看起來鬱鬱寡歡、又跟我們的生命毫無關聯的人到底能教給我們什麼呀？不過，我認爲，除非我們只看宮廷牌的標題和它的表面，這個論點才站得住腳。人類社會和文化一直隨著時代演進而改變，塔羅卻始終跟得上時間腳步，提供符合當代現狀的不可思議詮釋和見解，讓我們從這些人物身上看見自己眞實的日常生活。

另外，對我們現代人來說，這些王室成員的意義是讓我們看見他們如何運用權力，因爲他們都是有權有勢的人物，沒有一樣東西比權力更誘人、更性感，甚至更浪漫。人總是會被有權勢的人吸引，宮廷牌讓我們看到，我們是如何在使用、甚至有時候是濫用我們自己的權勢力量。人際操控、結黨結派、利益交換，還有隱藏在檯面下的各種動機，無一不存在今日社會，從高中學校到公司董事會，全都與此緊密關聯。認識塔羅宮廷牌和這些人物的權勢力量所在，我們就比較能夠在自己的《權力遊戲》當中扮演更好的角色，不至於被其他玩家的恐怖行徑嚇到。

我想，我們還是可以大力推崇塔羅宮廷牌的存在價值，因爲它能讓我們對於自己在社會中所扮演的角色和所處的地位有新的認識和覺知。宮廷牌蘊藏的智慧，無論在靈性層面或實際生活層面，都足以爲我們所用。一項活的靈性工具，它的奇妙之處就在於，既能跟上時代腳步，又同時超越時代藩籬、永不過時。

Chapter3

標題頭銜、性別與生理特徵

Titles, Gender & Physical Identifiers

許多社會學家都認為，性別是一種社會建構（social construct）。作為現代社會的一員，我們一出生就被賦予了性別。它是別人指派給我們的，我們自己毫無發言權，也從那一刻開始，我們應該有什麼樣的行為舉止、該穿什麼樣的衣服，甚至什麼能做什麼不能做，一大堆的期待，都在無意識當中被設定了。甚至在我們出生之前，這些潛意識境況就已經牢牢扎根。被指派的性別，並不代表那就是我們自己認同的性別。這也是現代塔羅占卜者對宮廷牌感到棘手的原因之一。

如果我們從傳統塔羅來看性別，你會發現，宮廷牌中男性佔了大多數。事實上，整副塔羅牌也是以男性為主。宮廷牌中唯一出現的女性就是王后。從歷史來看，王后經常都是嫁入王室的，而且大多沒有自己的領地。隨著時間演變，塔羅的世界也逐漸進展到突破傳統，宮廷人物的涵蓋範圍也更大了。這種角色設定的其中一個原因是，塔羅是從紙牌遊戲演變而來的，它的結構基礎就是塔羅奇（Tarocchi）紙牌。儘管塔羅一直在演進，以男性為主的宮廷牌依然牢固不變。

從宮廷牌的四個標題頭銜我們看到，文化上依然較重視男性的權力地位。雖然我們接下來會以超越性別設定的角度來探討每一位宮廷牌人物的原型，但整個社會對於性別和權力地位仍有其潛在設定。這對於一個以男性為自我認同的占卜者來說，當他們抽到一張王后牌時，多少還是會帶來一些解牌上的限制。這些紙牌的智慧可以帶來極大啓示，但問卜者很可能會自動忽略掉一件事——這些牌可能也代表他們自己；因爲牌面上那個人物很顯然跟他們的身體特徵不一樣。

某些塔羅套牌，比如克勞利的托特塔羅，就把宮廷牌的標題改了，用公主來取代侍者。其他像是費歐納·摩根（Effiona Morgan）的《月亮女兒塔羅》（Daughters of the Moon Tarot），她的宮廷牌就只有少女、婦女、老嫗。還有一些塔羅套牌是用較爲抽象或接近雌雄同體的方式來繪製他們的宮廷牌，讓占卜者不致受到太多傳統性別角色和特徵的限制，比如基姆·克蘭斯（Kim Krans）的《野性未知塔羅牌》（Wild Unknown Tarot），以及伊吉·爾納許（Egypt Urnash）的《科技黎明塔羅牌》（Tarot of the Silicon Dawn）。

長久以來，在主流商業塔羅牌中一直都很少出現以有色人種爲主角的套牌（大多數塔羅套牌的宮廷牌人物都是白人），同性戀和跨性別人士（LGBTIQ）、殘疾人士，也都很少看到，不過，歸功於許多優秀的獨立創作者，現在已有慢慢增多的趨勢。

塔羅宮廷牌也毋須去承擔他們的身分頭銜或年齡所預設的生殖任務。王后不一定得是人家的母親，國王不一定就是一名父親，騎士可以是單身或已婚，也可以有小孩或沒有小孩。你信不信？擺脫這些角色設定的汙名，我們才能夠眞正去駕馭每一張宮廷牌的力量，而不至於受到過時的性別模型之局限，硬是把一些角色任務從性別清單中剔除。

在這本書中所使用的標題就是宮廷牌原本的標題，在討論某一張特定的宮廷牌時也會使用他們原有的代名詞，這樣做的原因是，書上這些資訊才能夠連回那張宮廷牌本身，讓我們對那張牌有更深的連結和理解。除此也是爲了避免困擾，免得你在閱讀其他關於宮廷牌的資訊時會產生混淆。

我們都可能是宮廷牌的任何一個人物。事實上，在我們人生當中的某些領域、或是某個時間點，我們就是這十六張宮廷牌的全部或大部分。從這十六張牌，不僅能顯示我們在家族中的角色或是被設定的性別，更包括我們如何跟別人溝通、相處、會出現什麼感受、經歷哪些事情。這些都會在後面章節有更詳細的探討。

根據我的哲學觀，宮廷牌的順序，從侍者到國王，就是一個人從啓蒙、成熟，到擁有權勢這個過程的反照，無關乎性別、宗教、家世背景或年齡。當你在運用本書的原型概念時，宮廷牌在塔羅結構中的位置，並非等同於一個人的性別或權勢力量。當你在實際占牌時，宮廷牌也不等同於你的客戶以及/或是你自己的性別或權勢力量。

◈ 由生理特徵判斷宮廷牌

當你想要確認一張宮廷牌的人物身分時，其中一個方法就是去辨識牌面人物的生理特徵。這可能很有問題。許多塔羅占卜者可能都看過這樣一張表：

- **權杖——紅髮的人**
- **聖杯——綠眼珠或藍眼珠的金髮人**
- **錢幣——面部輪廓深而且髮色也深的人**
- **寶劍——白皮膚而且髮色很深的人**

用過去的資料來辨識宮廷牌人物的身分，在今天已不太可行。這裡並不是要貶損大家長期以來慣用的這些公式；如果它對你來說合適，那儘管繼續使用。由於它把人的外觀過度簡化，而且沒有考慮到現代人會用化妝、刻意曬黑、染髮、配戴彩色隱形眼鏡等等來改變外觀，因此，單單只從人們的身體特徵來辨識宮廷人物，存在著某種程度的困難。藉由身體特徵來連結你客戶的人際網絡，不失為一種辨識宮廷牌的方法，不過，我建議你不要單單只用這種方式。如果你能以這個資訊作為起點，然後透過這本書更深入了解宮廷牌，或是更全面性去搜集相關資訊，那麼你成功的機率可能會更大。

根據我的塔羅實務經驗，我腦海可能會先閃現一個人物，然後根據我客戶本身的性格特質，更深入去檢視牌陣中出現的宮廷牌，看看這個性格特質跟整個占卜牌陣有什麼關聯，或是他們如何跟世界以及其他人互動。

◈ 由年齡判斷宮廷牌

年齡也是協助我們占牌時辨識宮廷牌的方法，這在塔羅界已經有過很多討論。以下我就簡單列出年齡層與宮廷牌的對照表：

- **侍者——小孩——十一歲以下**
- **騎士——青少年——十二至二十一歲**
- **國王和王后——二十二歲以上，取決於個人的認定**

除了藉由年齡來判斷，我想邀請你用另一種方式去檢視宮廷牌。想一想，我們自己是用什麼方式跟我們所遭遇的事件以及事件相關的人互動。如果只單單從年齡來判斷，我們就會對這張牌設下限制，忽略了他們的潛在可能性。難道小孩子會比大人更不重要、或是更不聰明嗎？難道國王和王后眞的會比一個青少年更會過生活、或是更了解生命的意義嗎？我不會光從年齡去判斷誰是誰，而是把它當作其中一個辨識的條件。

Chapter4

塔羅與四大元素的關聯

Tarot Elemental Associations

探索塔羅牌義的其中一個層次是與四大元素相關聯。本書所採用的元素對應如下：

- **聖杯——水**
- **權杖——火**
- **寶劍——風**
- **錢幣——土**

每一個元素的優點和缺點都會對宮廷牌產生影響，就跟元素的化學作用一樣。一張宮廷牌會呈現各種不同面向的性格，就是受到元素的作用影響。

塔羅牌陣當中，如果有任何一個元素所佔比例極高，你大概就能看出這位問卜者身處的情境樣貌。同時也要注意，牌陣中是不是缺少了某些元素，這同樣能提供你一些資訊，建議問卜者該如何處理他所面臨的狀況。

以下是一個簡單的占牌實例，三張牌都是同一個元素，你可以把你對於元素的了解加入到你的解牌當中，讓你的解讀更深入。

這三張牌分別代表：

1. 過去

2. **現在**
3. **未來**

這次占牌的問卜者叫做蘇西，她要問的是感情問題。她不知道自己爲什麼老是遇不到對的男人。蘇西抽到的三張牌分別是：

1. **聖杯侍者**
2. **聖杯七**
3. **聖杯八**

聖杯侍者告訴我們，蘇西一直以來都是用單純樂觀的態度來面對愛情，而且把注意力全都放在感情這件事上。其他兩張水元素聖杯/情緒牌也顯示出，感情就是她人生唯一的焦點，也因此，當結果不如預期，她的世界就近乎毀滅。聖杯侍

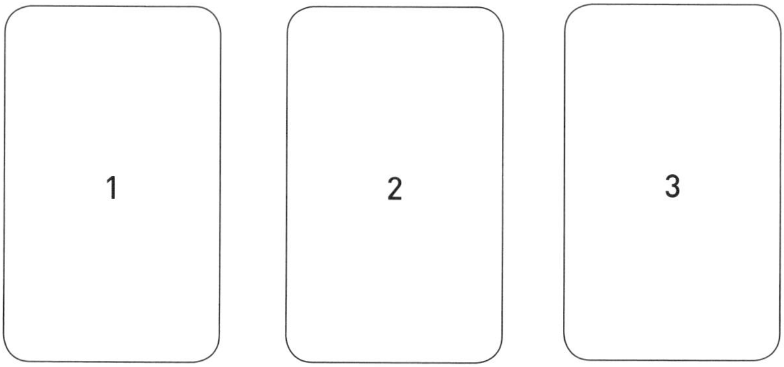

三張牌塔羅牌陣

者也可以代表一個相當固執、感情用事，很難好好跟別人溝通情感需求的人。換句話說，他們只會鬧脾氣。因此我們看到，過去的一些因素對現在發生了影響。

聖杯七位於「現在」這個陣位，我們因此知道，蘇西現在面臨一個抉擇，或者應該說，她其實有很多選擇。她必須決定，自己是否已經準備好、而且願意改變，除了感情之外，她也必須去豐富自己的生活，而不只專注於愛情。

聖杯八位於最右邊代表未來的陣位，這張牌對於此次占牌來說是一張超級正向的好牌。這張牌顯示出，蘇西已經準備暫時保持單身，深入去探索自己。她正在離開眼前的一些機會（牌面上的那些杯子），而且是帶著自信這樣做的。

蘇西抽到的這三張牌，都是屬於跟感情有關的水元素，沒有其他元素出現，這告訴了我們，她把精力孤注一擲在愛情上，這對於要尋找一份健康而且持久的感情來說，確實已經形成障礙。如果可以帶進一些務實的土元素，多多照顧自己；或是多一點代表創造力、自我認識，以及帶有改變力量的火元素；以及一點風元素，多些邏輯理性、靈感刺激、提升情感商數，她一定會更健康，而且能夠眞正開始去完善自己愛人的能力。如果全部只有水元素，那當事情出現困難，最後必然是流淚收場。

把這個技巧運用在宮廷牌上，你同樣可以看到問卜者是用什麼方式在經歷和處理他們所面對的問題情境，也可以看到他們身邊的人用什麼方式在與他們互動，知道究竟發生什麼事。同樣的，一個牌陣當中如果出現多張同位階的宮廷牌（比如多張王后牌），以及同一牌陣當中出現多張同一個牌組的宮廷牌（比如多張權杖宮廷牌），也都可以用這樣的方式來解牌。一個牌陣中是哪一個宮廷人物在主導，就跟一個牌陣中哪一個元素居於主導地位，道理相同。

聖杯騎士解決問題的方式絕對跟權杖騎士不一樣。這兩張牌在宮廷牌裡的權力位階雖然相同，但他們的行為舉止、反應、行動、力量以及弱點，卻會受到他們所屬牌組元素的強烈影響。權杖騎士比較能負起責任，而且在一個情境中會本能地採取行動，但聖杯騎士可能會先停下腳步看看自己的感覺，考慮他們做出某個選擇時所產生的情感後果。

權杖牌組的任何一張宮廷牌，都能使寶劍牌組的任何一張宮廷牌的影響力得到增強。火沒有風（空氣）就生不起來——火需要風來助燃。沒有風（空氣），火就會熄滅。如果你的牌陣裡面有很多張牌是屬於這兩個元素，那表示事情會進展得相當快速、激烈。

錢幣和聖杯會交互作用，互相增強彼此的能量。這兩個元素因為較重，始終都會希望在最低處、最基礎的地方得到穩定，它們能相互支撐。如果一個塔羅牌陣當中有很多張牌屬於這兩個元素，那麼主題就是療癒和成長，而且事情的進展會比較慢。

權杖和錢幣則會相互抵制；土會讓火熄滅。火無法讓石頭或土壤燒起來。聖杯和寶劍相互對立；這兩個元素都需要容器來承載，而且無法相互撐持。聖杯和權杖也會互相抵制彼此的能量，因爲水就是天然的滅火器。

寶劍和錢幣會相互減弱彼此的能量；事實上它們彼此之間不會互相干擾、影響。土裡面一直都有微量的空氣存在，因此它們能夠共融共存，但兩者給人的感受卻完全相反，風輕盈、迅速，土則沉重、緩慢。

當你擺設好牌陣，即使你正在占卜解牌而且一次只翻開一張牌，都請注意看一下它是屬於什麼元素，以及它在牌陣中的位置。這些牌是相互對立抵制、還是相互支撐？

如果占卜牌陣當中出現宮廷牌，請思考一下它們所屬元素的相互作用關係，對於整件事情的發展、結果有什麼影響，以及可能出現哪些困難。其實，就是看看牌陣中出現哪些宮廷人物。他們用什麼方式來面對自己所處的情境？所屬元素的優勢和弱點在哪裡？

此外，還要考慮元素的作用力，也就是元素的自然狀態和宮廷牌力量的結合，這些元素在大自然環境中的狀態如何，以及作用在宮廷牌上的結果是什麼。

- **風——微風、陣風、龍捲風、流動、壓力**
- **土——山巒、岩石、緩慢、穩定**
- **水——循環流動、始終會回到源頭、滲透在每一樣事物當中**
- **火——狂野、急遽、轉變、改變它所碰觸的每一樣東西**

Chapter5

占星、十二星座以及宮廷牌

Astrology, The Zodiac, and The court cards

占星是一門深奧、神奇而且複雜的學問，塔羅發展至今，已經和占星學建立起非常緊密的關係。事實上並非一開始就是如此，而是到一八〇〇年代，著名神祕學家伊萊列維（Éliphas Lévi）將塔羅與占星學、卡巴拉以及祕術結合起來，這個紙牌遊戲才起了變化。將形而上學納入塔羅，帶給許多塔羅占卜者和創作者深刻共鳴，到現在，當人們想要了解塔羅或繪製塔羅牌，已幾乎很難將它與占星分離。

在今日社會，問一個人什麼星座是相當平常的事，尤其當你初初認識某人，想要透過一些資訊來跟對方建立關係，大部分人都會想要知道對方的太陽星座是什麼。太陽，跟太陽系的所有天體（月亮、太陽，以及諸行星）一樣，都會運行穿過黃道十二星座。一個人的太陽星座就是指，在他們出生地點和出生時刻，太陽所落入的那個星座。

為什麼太陽星座最常被談論？因為我們的太陽星座通常就是我們對外展現的那個自己。太陽星座就是我們明意識的部分，是我們能夠覺知到的那個我。它是我們複雜人格當中最基礎的部分。當我們跟別人相處、或是在工作場合，最一開始展現的就是太陽星座的性格。太陽星座呈現的是我們的主要個性。而我們希望別人看到的，常常都是幻象，或者僅僅是我們眞實自我的一部分而已。

由於宮廷牌有人物、有性格特徵，因此與我們的眞實人生最為貼近，從宮廷牌我們可以看見我們所處的情境、生活，當然，也更容易發現自己的人生戲碼。

一張完整的星盤可以讓你對你內在性格的各個不同面向有更完整的了解，這是毫無疑問的。但是在解讀宮廷牌時，我們會把焦點放在太陽星座，這樣你就能運用這些資訊來幫助你解出牌陣中出現的宮廷牌可能是誰，來確定這張宮廷牌是否對整個占卜牌陣具有影響力，或者這張宮廷牌是否就是你自己或你的問卜者的反射牌。

十二星座也是一種簡易方法，可以讓你決定用哪一張宮廷牌來當作一個人的指定牌。當你在占卜時，可以用指定牌來代表問卜者或是你自己。假如你想用指定牌來代表另外的人，請讓問卜者自己決定他們想用哪一張宮廷牌來代表那個人。你可以先告訴問卜者每一張宮廷牌各是屬於哪一個星座，來幫助他們選擇。這是避免假設錯誤對象導致尷尬的最好方法。

占星學上的性格特徵、十二星座關鍵字、關聯對應、以及太陽星座特質，都是從比較廣泛的角度來連結每一張宮廷牌，它們不可能告訴你每一件你想要知道、或是需要知道的事，但它可以提供你關於這個人的一部分資訊，幫你把可能的人物範圍縮小，讓你在解牌時能比較正確地識別。

宮廷牌的四張侍者牌都沒有指派固定的星座，因此它們可以是該牌組元素所對應的任何一個星座。

火象星座家族

The Fire Sign Family

◈ 權杖侍者

可對應三個火象星座的任何一個：牡羊、獅子、射手。請參考太陽星座行爲模式與關鍵字列表，來幫助你辨識這張侍者牌可能是誰。

▼ 權杖騎士

太陽星座——射手座

生日範圍——11月23日至12月21日

太陽星座關鍵字——積極進取、超脫傳統、足智多謀、個性急躁莽撞

太陽星座人格特質

- 多才多藝，有辦法用橫向、間接的方式去解決幾乎所有的問題
- 騷動不安的靈魂，總是喜歡追求不可及的事物或人

權杖王后

太陽星座——牡羊座
生日範圍——3月21日至4月20日
太陽星座關鍵字——衝動、自信、急躁、勇敢
太陽星座人格特質

- 喜歡掌控一切
- 個性堅強而且充滿活力

權杖國王

太陽星座——獅子座
生日範圍——7月23日至8月22日
太陽星座關鍵字——創造力、威嚴、寬厚大方、充滿激情
太陽星座人格特質

- 幽默風趣極具魅力、社交場合中的靈魂人物
- 喜歡裝門面、維持體面

土象星座家族

The Earth Sign Family

◈ 錢幣侍者

可對應三個土象星座的任何一個：金牛、處女、摩羯。請參考太陽星座行爲模式與關鍵字列表，來幫助你辨識這張侍者牌可能是誰。

▼ 錢幣騎士

太陽星座——處女座

生日範圍——8月23日至9月23日

太陽星座關鍵字——善於分析、理性、不安、有明確目標

太陽星座人格特質

- 善於設定事業和個人生活目標，並致力達成
- 自我要求甚高，因此可能也容易去批判別人

錢幣王后

太陽星座——摩羯座
生日範圍——12月22日至1月20日
太陽星座關鍵字——有紀律、有組織、獨立、忠誠
太陽星座人格特質

- 樂於花較長時間來達成目標
- 連休假的每一分鐘都要做好計畫，而且清單一大串

錢幣國王

太陽星座——金牛座
生日範圍——4月21日至5月21日
太陽星座關鍵字——務實、復原力強、頑固、耐力十足
太陽星座人格特質

- 抗拒改變，而且經常帶著戰鬥的姿態來度過變化期
- 話不多但行動力強

水象星座家族

The Water Sign Family

◈ 聖杯侍者

可對應三個水象星座的任何一個：雙魚、巨蟹、天蠍。請參考太陽星座行爲模式與關鍵字列表，來幫助你辨識這張侍者牌可能是誰。

▼ 聖杯騎士

太陽星座——雙魚座

生日範圍——2月20日至3月20日

太陽星座關鍵字——注重精神層面、想像力豐富、敏銳善感、順應變化

太陽星座人格特質

- 容易情緒激動
- 有強烈悲憫心，願意站出來為人發聲

聖杯王后

太陽星座——巨蟹座
生日範圍——6月22日至7月22日
太陽星座關鍵字——重感情、保護、關懷照顧、仁慈友善
太陽星座人格特質

- 將自己的情緒感受往內吞、不輕易表露
- 願意去嘗試很多事情

聖杯國王

太陽星座——天蠍座
生日範圍——10月24日至11月22日
太陽星座關鍵字——熱情、偏激、執著、佔有欲強
太陽星座人格特質

- 陰沉或故作神祕來引誘人
- 長期（可能一輩子）內心懷有怨恨或是想要做壞事

風象星座家族

The Air Sign Family

◈寶劍侍者

可對應三個風象星座的任何一個：水瓶、雙子、天秤。請參考太陽星座行爲模式與關鍵字列表，來幫助你辨識這張侍者牌可能是誰。

寶劍騎士

太陽星座——雙子座
生日範圍——5月22日至6月21日
太陽星座關鍵字——聰明、適應性強、充滿好奇心、邪惡
太陽星座人格特質

- 能夠立即表達自己的意見
- 擁有各種領域知識和興趣的萬事通

寶劍王后

太陽星座——天秤座
生日範圍——9月24日至10月23日
太陽星座關鍵字——公正、善於交際、有魅力、關心自己
太陽星座人格特質

- 天生的外交官與談判家
- 喜歡與人相處更甚於獨處

寶劍國王

太陽星座——水瓶座
生日範圍——1月21日至2月19日
太陽星座關鍵字——有遠見、能夠激勵人心、超然、旁觀
太陽星座人格特質

- 竭盡所能成為開創者
- 深刻關切人類的未來

如果你所使用的宮廷牌星座對應與這本書不同，可以把它改成你慣用的對應。關於十二星座與宮廷牌人物的對照，有很多學派，說法不一，找到一個你覺得有意義的合理說法比較重要。即使你接收到各種不同資訊，實際在占卜解牌時，最好固定只用一種星座對應，這樣對你比較好。選擇適合你自己的一套理論，將它應用到你的占星學基礎常識上，不要因爲別人的說法跟你不一樣，就把你覺得有用的東西丟掉。

Chapter6

用宮廷牌預測時間

Predicting Timing with the Tarot Court

如果你已經接觸塔羅占卜一段時間，你可能有過這個經驗：你興致勃勃拿出你的塔羅牌，希望眼前這個牌陣能確切告訴你某件事情「什麼時候」會發生，結果翻到一張宮廷牌。這時你心裡一定偷偷在哀號。然後，你可能會很想把這張牌放回去，重新翻一張牌。平心而論，我們每個人應該都這樣想過。不要擔心，現在機會來了。以下我們就要來學習怎麼用宮廷牌預測事件發生的時間。

在預測未來這件事情上，塔羅的名聲並不是太好。歸結起來或許是因爲，對於塔羅是否眞能用在預測未來事件，每個塔羅師的觀點都不一樣。實務上，每一位占卜師所用的預測方法和理念也不盡相同。有些占卜師從來不用塔羅來預言，有些則只用塔羅來預測未來，也有人是採混合路線，隨問卜對象而定。每一條路都是對的。

用塔羅來預言未來結果，很可能眞假難辨。因爲人的自由意志會讓每一件事情隨時產生變化，而且當中存在各種轉圜空間。我幫客戶做塔羅占卜時，也經常會被問到關於時間點的問題，我除了給他們答案之外，也會讓他們知道，塔羅絕對不是宿命論。

對我來說，塔羅是我們占卜的當下、整件事情所呈現的一個態勢局面與能量概況。所以，我會讓我的客戶知道，在當下這個時間點，這件事最可能的結果是什麼。這也是一個很好的方法，讓你自己和問卜者都能看到，事情並非只有一種選擇或只有一條路，而是存在著許多可能性。它可以讓我們看到哪一條路的阻礙最少、哪一條路會遇到困難，或是我們應該避開哪一條路不要走——除非你就是想要自找麻煩。但是最後我們會走哪一條路，那就是我們自己的選擇了。

很多塔羅占卜師應該都相信命運天注定，只是相信的程度各有差異。有些人相信，人生當中的重大事件都是注定好的（比如會不會有小孩），其他一些小事情則是我們自己可以選擇的。有些占卜師則認爲，人生所有的事情都在神的計畫當中。如果你認同以上兩種信念，那麼你應該比較能夠接受塔羅可以用來預測未來。不過，我認爲，任何一個行業的專家，當他們想要把自己的宗教觀念投射和強加在他們的工作對象上時，都應該要非常小心，因爲你的宗教背景和信念絕對會影響你如何使用塔羅、以及你認爲它能不能用來預測。

如果用塔羅來預測會讓你冷汗直冒，那就不要做這件事。有很多非常優秀的塔羅占卜師，他們從來不用塔羅來預測。所以，不要強迫自己做這件事。如果你是這類人，你不想用塔羅來預測未來，那將來你在執業時一定要讓你的客戶知道。你可以在自己的網站上註明，你可以做哪一類占卜、以及不接哪一類占卜。適合你的人就自然會找上你，不要讓自己心不甘情不願去接案。

如果你要用塔羅來預測，當你在進行遠程時間預測時，還要多考慮一件事。當你在訂定塔羅預測指引時，我會建議你先了解一下整件事情的輪廓，然後再決定要不要做遠程事件預測。如果你可以接受用塔羅來預測數年後的事情，那就去做。

在實務上，我通常只做十二個月內的占卜預測。因爲不管是人或事件，通常在十二個月內就會有很多變化。還是那句老話，只要你覺得恰當，就去做。

用宮廷牌預測時間

以下就介紹幾種用塔羅來作爲預測工具的方法，讓你可以用牌陣中出現的宮廷牌來確認事件時間點。

用塔羅來預測時間，方法愈簡單愈好。我強烈推薦你直接用宮廷牌來對應時間點，不需要再去埋首開發另一套方法。預測時間，答案愈簡單明瞭愈好，不需要任何贅言。

以下就是常用的時間點與牌組元素的對照。如果你用的是不同的系統，那也沒問題。只要你覺得正確好用就可以。

季節對照

- 權杖——夏季
- 寶劍——秋季

- 聖杯──春季
- 錢幣──冬季

宮廷牌對照

- 侍者──數日內
- 騎士──數週內
- 王后──數月內
- 國王──數年內

權杖宮廷牌的時間點

權杖侍者代表夏季開始的數日內。如果你占卜時正好是夏季那幾個月分，那表示事情會即刻、或在數日內發生變化。如果你占卜的時間不是在夏天那幾個月分，那表示事情會在下個夏季開始後的數天內發生。

權杖騎士代表夏季開始的數週內。假如你占卜時正好是夏季那幾個月分，那表示事情會在一或兩個禮拜之內發生變化。假如你占卜的時間不是在夏季那幾個月分，那表示占卜的結果會在下個夏季開始後的第一週發生。

權杖王后代表夏季的那幾個月分。假如你占卜時剛好是在夏季，那表示事情會在那幾個月分當中發生。假如你占卜的時間不是在夏季，那表示占卜結果會在下一個夏季的月分當中發生。

權杖國王代表數年之後的夏季，這表示你問的事情目前還無法預測。我會建議你至少等六個月之後，或是事情有重大轉變之後，再重新問一次這個問題。

◈錢幣宮廷牌的時間點

錢幣侍者代表冬季開始的數日內。如果你占卜時正好是冬季那幾個月分，那表示事情會即刻、或在數日內發生變化。如果你占卜的時間不是在冬天那幾個月分，那表示事情會在下個冬季開始後的數天內發生。

錢幣騎士代表冬季開始的數週內。假如你占卜時正好是冬季那幾個月分，那表示事情會在一或兩個禮拜之內發生變化。假如你占卜的時間不是在冬季那幾個月分，那表示占卜的結果會在下個冬季開始後的第一週發生。

錢幣王后代表冬季的那幾個月分。假如你占卜時剛好是在冬季，那表示事情會在那幾個月分當中發生。假如你占卜的時間不是在冬季，那表示占卜結果會在下一個冬季的月分當中發生。

錢幣國王代表數年之後的冬季，這表示你問的事情目前還無法預測。我會建議你至少等六個月之後，或是事情有重大轉變之後，再重新問一次這個問題。

◈寶劍宮廷牌的時間點

寶劍侍者代表秋季開始的數日內。如果你占卜時正好是秋天那幾個月分，那表示事情會即刻、或在數日內發生變化。如果你占卜的時間不是在秋天那幾個月分，那表示事情會在下個秋季開始後的數天內發生。

寶劍騎士代表秋季開始的數週內。假如你占卜時正好是秋天那幾個月分，那表示事情會在一或兩個禮拜之內發生變化。假如你占卜的時間不是在秋季那幾個月分，那表示占卜的結果會在下個秋季開始後的第一週發生。

寶劍王后代表秋季的那幾個月分。假如你占卜時剛好是在秋天，那表示事情會在那幾個月分當中發生。假如你占卜的時間不是在秋季，那表示占卜結果會在下一個秋天那幾個月當中發生。

寶劍國王代表數年之後的秋季，這表示你問的事情目前還無法預測。我會建議你至少等六個月之後，或是事情有重大轉變之後，再重新問一次這個問題。

◈聖杯宮廷牌的時間點

聖杯侍者代表春季開始的數日內。如果你占卜時正好是春天那幾個月分，那表示事情會即刻、或在數日內發生變化。如果你占卜的時間不是在春天那幾個月分，那表示事情會在下個春季開始後的數天內發生。

聖杯騎士代表春季開始的數週內，因此假如你占卜時正好是春天那幾個月分，那表示事情會在一或兩個禮拜之內發生變化。假如你占卜的時間不是在春天那幾個月分，那表示占卜的結果會在下個春季開始後的第一週發生。

聖杯王后代表春季的那幾個月分。假如你占卜時剛好是在春天，那表示事情會在那幾個月分當中發生。假如你占卜的時間不是在春天，那表示占卜結果會在下一個春天那幾個月當中發生。

聖杯國王代表數年之後的春季，這表示你問的事情目前還無法預測。我會建議你至少等六個月之後，或是事情有重大轉變之後，再重新問一次這個問題。

練習

生活中的宮廷牌人物

這是一個很棒的練習，可以幫助你用充滿創意的方式去分析你生活中接觸的眞實人物。透過他們的行爲模式、性格特徵，就可以把他們跟宮廷牌連結起來。如果是你很熟的人，比如你的家人或朋友，那你做起來會非常輕鬆容易。當然，如果你願意的話，也可以拿來分析你的工作上的同事和／或競爭對手。這個練習會用到你目前在這本書閱讀到的所有資訊。

首先，準備好全部十六張塔羅宮廷牌、一本筆記、和一支筆。

1. 列出你認識的人。

2. 收集他們的生日資訊，至少要知道他們的出生月分和日期。

3. 參考第五章的內容，把每一個人所對應的宮廷牌寫下來。

4. 整體瀏覽一下你身邊的這些人。全都是騎士嗎？（如果是的話，我敢打賭你現在的生活一定很有戲喔！）還是有很多要求安全感和規律、不喜歡冒險的錢幣牌？侍者是不是太多了？或許你該去結交一些「大人」朋友嘍（雖然他們有時候也會被高估）。

5. 然後再看一下，是不是有很多相同牌組的宮廷牌？你生活中是不是有很多權杖宮廷人物？或是你的社交圈是哪一個元素佔大多數？你認為這有影響到你的人際互動嗎？或者，是有人特別古怪難相處？

6. 這些資訊如何幫助你更了解你身邊的人，以及你跟他們之間的關係？

探索和發掘跟我們一起生活的人，是一項很有趣的經驗，因爲我們經常可以從中看見自己的投射。你同樣可以把以上幾個問題拿來自我反思和記錄，或是拓展你對塔羅宮廷牌的知識。

Chapter7

身分階級、角色以及宮廷牌的演進

Hierarchy, Roles, and the Progression of the Tarot Court

當階級體制這種東西成爲一種靈性探索工具（比如塔羅），它會遇到很大的問題，就跟宮廷王室本身一樣，它會非常僵化而且跟不上時代。雖然很多西方神祕學派、教派、組織依然存在著這種身分階級系統，但許多塔羅專家和學習者打從心裡並不認同，他們不想要被標籤，也不想成爲這種體制下的一員。不過，宮廷本身就是一種體制，確實存在著內建的身分階級差別。那麼，我們該如何爲現代的塔羅占卜者闡釋與整合這個東西呢？

塔羅宮廷牌裡面，身分等級最低的是侍者，他們是宮廷裡面的僕役，最高的是國王，是權勢地位最高的人。這其來有自，因爲塔羅最早的起源就是一種紙牌遊戲，它的結構基礎都是來自遊戲牌。

在這裡，我們不會用身分階級來判定一個人的價值、權力，以及影響力的高低，而是要去探討這種身分階級會如何改變一個人的力量與他所扮演的角色，然後，賦予每一個宮廷牌成員在他們各自的位置上該有的價值。因爲，有人只是頭上沒有戴著皇冠，並不代表你應該輕視他們、低估他們。

先記住這個重點，然後我們就要開始來探討每一位宮廷牌成員的角色，還有他們是如何跟別人形成關係，以及他們是如何在關係中發揮他們的作用。

侍者——溝通

根據過去傳統，侍者是宮廷裡最低階層的僕役，他們對其他成員的職責會隨著時間而改變。大家都知道，侍者生涯的下一步就是要被訓練成一名鄉紳，然後有一天要成爲騎士。因此可以說，侍者就是進入貴族階級的起點。

以整體來說，他們是充滿潛力的一群人。他們渴望冒險、行動、想要參與、想要被聽見，而且想要一展他們對於世界的影響力。不過他們可能沒什麼耐性，而且欠缺取得影響力的方法。侍者本身很容易受到別人的影響，一個人如果成爲侍者的導師，通常權力都很大。

侍者的職責不只是照顧其他成員的日常起居；他們也要身兼信差的工作、負責傳訊，這就是爲什麼他們的主要作用是溝通。身上攜帶訊息來回傳遞的人，權力是很大的。想像一下，在這個位置的人，他們可以偷聽到一些資訊，然後自己闡釋、再傳遞給特定人士，最後整件事扭曲變形，你就知道他們的力量有多大。

侍者牌的關鍵字：

- 服務他人
- 信差
- 傳遞訊息（只負責傳遞、而非擁有）
- 手下、下屬
- 可以代表小孩或未出生的胎兒
- 幼稚、不成熟
- 單純
- 被動回應
- 尚無法自立

占卜中出現侍者牌

當侍者牌出現在塔羅牌陣中，如果他所在的陣位是代表解決方法、下一步或者未來，那可能要檢視一下你的溝通是良好或者不良。看一下這張侍者牌的元素是哪一個，聖杯的溝通是打從內心做感情訴求，寶劍的溝通講求邏輯，錢幣的溝通講求務實，權杖則是用爭執、要求來溝通。無論這張侍者牌是哪一個牌組，或者跟他相鄰的是哪些牌，溝通都是事情進展的關鍵，不能被忽視。

聖杯侍者

◈口頭禪——「我感覺」

情緒感受就是這個牌組的重點，並不代表他傳遞的訊息具有說服力。因爲年紀很輕，侍者的訊息可能會有各種不同的表現方式（就像你在海邊，天氣突然驟變，平靜的海面霎時捲起狂風暴雨和大海嘯；聖杯侍者的情緒起伏之劇烈，大概就像這樣）。聖杯侍者小孩很情緒化，對每一件事情的感受也很極端，但也因此具有強烈的同情心、善解人意。假如你身邊有聖杯侍者小孩，或者他正好就是你的小孩，那麼最好儘早讓他學會如何淨化和保護他們自己的能量場。在我小時候，當我遇到困難時，我母親都會要我隨身戴著一塊紫水晶，這對我眞的幫助很大。

聖杯侍者可以代表自己家中、或是親近友人家中的新生兒。根據我個人實務經驗，四張侍者牌當中，聖杯侍者代表新生兒的機率比其他三張更大。

◈ 占卜中出現聖杯侍者

含義——會發生令人情緒激動的事情、夢想即將實現、基本情緒的表達、懷孕或是新生兒

反思——你是不是有傾聽你身邊的孩子說話？

這張牌也很可能代表你自己的情緒，因此如果出現這張牌，我通常會鼓勵人們去感受他們自己的情緒以及那個情緒本身的能量，但我也會再更進一步提出更深入的問題。你是不是有認眞聽你生活中的孩子們說話？如果你自己沒有小孩，可以檢視一下你跟家族當中的小孩子相處的經驗，或者連結你自己的內在孩童。孩子觀看世界的方式是非常神奇特異的，他們通常非常直截了當、一針見血。不妨偶爾讓自己當個小孩，用小孩的眼光去體會人生，你一定會有不可思議的發現。

錢幣侍者

◈ 口頭禪——「讓我做啦！」

錢幣侍者這類型的小孩（如果這張牌是小孩的話），通常會一直需要洗澡，因爲他們會整天在爬樹、玩泥巴、跟動物玩耍。他們天生跟大自然以及動物就有很深的連結。他們會比較喜歡自己親手去做一些事情。錢幣侍者小孩通常都比較安靜，他們寧願自己把東西全部拆解開來，然後自己去創作或是把事情的眞相弄清楚，而不喜歡別人直接告訴他們答案。有些人可能因爲自己做事的習慣，會一直想要催促這類型的孩子動作快一點，但錢幣侍者小孩就是這個樣子啊，他們腳踏實地、非常務實。他們就是那種會想要自己繫鞋帶，上了車之後會自己繫上安全帶的小孩，而且也會把洗衣服搞得很好玩的那種人。

◈ 占卜中出現錢幣侍者

含義——財務狀況很快會有新的進展、創造新事物、基本生理需求與渴望的表達

反思——你有聽到你的身體跟你說的話嗎？

有時候它也代表我們對於吃下肚的食物的一種生理反應，或是表示你的身體想要運動操練。假如你的占卜中出現錢幣侍者，也可以試著往這個方面去解牌。

寶劍侍者

◎口頭禪——「我問你喔」

寶劍侍者小孩老是在問問題。他們最喜歡講的一句話就是「爲什麼」，我媽媽是這樣形容小時候的我：「教她怎麼說話，一點都不難，難的是教她閉嘴安靜。」特別說明一下，這是一個非常好的例子，證明一個人可以擁有多種性格原型——就像你之前讀到的，我是一個聖杯侍者小孩，但我也是一個寶劍侍者小孩。一個人擁有多種性格原型是很正常的，特別是在生命的不同領域（社交／情感／等等）。

寶劍侍者通常會沉迷於跟語言有關的事物。他們口中會一直哼著歌，就算他們根本不知道正確的歌詞是什麼。而且他們很喜歡說話，有時候還會對自己或對其他人看不見的靈體說話。他們就是那種會被大人一直叫他們閉嘴、還有去睡覺的那種小孩。他們的觀察力很細膩，能夠提供解決問題的方案，而且很想要用他們敏銳的心靈去幫助人。但是他們也會因爲年紀的關係而被人看輕，這常常讓他們感到挫折。

◈占卜中出現寶劍侍者

含義——即將出現令人振奮的消息、會得到理解和鼓舞、說出言不由衷的話、需要更清晰的溝通

反思——你眞的有在聽自己說了什麼話嗎？

看似相當基本，但事實令人驚訝，很多人根本不知道自己在說什麼，也不知道自己在對別人說什麼。思想心念也是一種東西。話語本身是帶有能量的，你花了大半時間來告訴別人和告訴自己的那些東西，都會反過來對你的生命產生作用。因此，要小心你說出的話語，以及你投射出的心念。要對自己好，如果你的處境很困難，那麼，一句簡單的咒語，像是「我是被愛的」，就能讓你的世界變美好。

權杖侍者

◈口頭禪——「我創造」

權杖侍者對應的是火元素。意思並不是說他們會到處放火燒東西，如果他們眞的這樣做，那可能就要深入去探討一下爲什麼他們要做這件事，而且一定把打火機藏好。總

之，權杖侍者小孩喜歡光明閃亮的東西。他們通常都超級亢奮、精力充沛。他們喜歡奔跑、跳躍、溜冰，而且做事情非常積極。他們就像用不完的精力包，一刻都停不下來。如果你本身、或生活中有這種火元素小孩，那麼最好儘量讓他們去從事體能活動，愈多愈好。權杖侍者小孩會很努力去從事創意活動的探索，這對他們來說就像呼吸一樣自然，而這也是他們發洩精力的一個絕佳出口。

◈占卜中出現權杖侍者

含義——從事新的創意探索；關於變動、活動與冒險的訊息

反思——你有聆聽你的靈魂對你說的話嗎？

假如你感覺情緒跌落谷底，或是缺乏鼓舞的力量，這張牌就像一位信使在跟你說，現在是你開始振奮精神的時刻了。試著做運動、靜心冥想、做瑜伽（這是我最喜歡的方式），給自己增添一點歡樂心情。我們的靈魂喜歡我們快樂。我們的內在孩童（侍者牌的絕佳代表）會因爲歡笑與喜悅而感到開心。去從事你熱愛的活動。如果可以的話，每週至少做一次，若能每天做會更好。

騎士——勇往直前

要成爲一名騎士，你必須先接受君主的授銜封爵。騎士通常會被賦予各種權力。他們是君主和女王的護衛，因此受人信賴，他們可以君主之名向人民收稅，當然眾所周知的是，他們可以坐擁軍事武力。騎士並不一定就是貴族。雖然在中古世紀是如此，但隨著歷史演進，騎士的行爲規範和傳奇故事也在轉變。時至今日，還是有騎士存在，但那只是一種榮譽頭銜罷了。

塔羅騎士牌的含義就是從這裡誕生的。塔羅牌的每一位騎士都在進行某項行動。他們都有各自的行爲準則與理想，做事情的方式也完全不一樣，但他們的行動一定都有其原因。

他們就是統治力的延伸，能夠去執行國王和王后這兩個職位無法做的事。騎士通常都負責出征戰鬥，如果是武功高強的戰士，身價就會大大提升。文學上一些關於騎士的名著，寫的幾乎都是功績彪炳的戰士。

在萊德—偉特·史密斯塔羅系統中，我們看到騎士牌的畫風非常歐洲風格，每一位騎士都騎著馬。甚至從這些馬匹的肢體動作，你也能得到關於這張牌的重要線索，以及看出每一位騎士的性格。

騎士牌的關鍵字：

- 行動
- 光榮歲月
- 自我犧牲
- 理想主義
- 愛情
- 群體
- 自我中心
- 力量
- 運輸方式（大多數塔羅牌會出現馬匹）
- 目標導向
- 勇氣
- 追求
- 奉獻與訓練
- 浪漫情懷
- 為王國服務
- 行為準則
- 英勇
- 戰士

占卜中出現騎士牌

當占卜牌陣出現一張騎士牌，而且是在「解決方法」、「下一步」或是「未來」這個陣位，那表示可以採取行動，事情會有所進展，可以運用騎士的能量勇往直前去做這件事。接著看一下這張騎士牌是屬於哪一個元素，聖杯騎士的行動是由心／感情來主導，寶劍騎士會將靈感化爲文字，然後根據理念付諸行動，錢幣騎士的行動是以身體爲名（比如原本一直拖延，現在會爲了身體因素而上健身房，或是去找醫生做體檢），權杖騎士則是基於靈性探索，或是爲了得到夢想中的工作而行動。

無論這張騎士是屬於哪一個牌組，或者與他相鄰的是哪些牌，都表示行動的時機差不多已經到了。不要再像個旁觀者那樣過生活。騎士也會爲了群體大眾的利益而行動，因此解牌時也要把這點考慮進去。每一個行動一定都會對它周圍相關的人產生影響，無論我們有沒有看見這個影響力的存在。

聖杯騎士

◈口頭禪——「愛是最崇高的力量」

這位騎士非常熱情，而且他們做的每一件事情都是基於愛：愛他們的君王、愛自己的角色、愛更高的權力——甚至愛另一個人。他們的忠誠與奉獻是眞心誠意的。不過，一旦被惹惱、或遭到背叛，他們也會馬上大發脾氣。他們的行爲準則都圍繞著一個理想：愛是最崇高的力量，而且對於做不到這件事的人會公開鄙視。他們永遠都在追求完美的愛情，而且認為這份願景以及去追逐這份愛情，比實際擁有它還重要。他們很快就會喜歡上某人，然後又離開。

◈占卜中出現聖杯騎士

含義——新戀人或是跟老情人舊情復燃、做自己熱愛的事、表達愛意、聽從心的選擇、保護你熱愛的事物、永遠在追逐愛情、浪漫約會或逃離。

反思——你的所作作為有多少時候是基於愛？

這張牌也可能代表你所愛的某個人，或甚至是某樣熱愛的事物。當你這樣做時，你的感覺是什麼？你是不是容易因為愛的緣故而行動？別忘了，你也可以因為愛自己而採取行動。不為其他原因而行動，一樣很重要。

錢幣騎士

◈口頭禪——「我堅守崗位」

當所有人都放棄了，錢幣騎士還是會堅守崗位。在實現目標的路上，他們似乎擁有過人的毅力。雖然錢幣騎士做決定的速度比較慢，一旦他們下定決心，就會堅定不移朝目標前進。他們是這世上最忠心的朋友，而且不管前方出現任何阻礙，他們都會使命必達。他們知道，就算只往前一小步，都是進步。錢幣騎士也會確保每一個人的馬匹都吃飽喝足，夜間營帳前的篝火有足夠的木柴可燒。

◈占卜中出現錢幣騎士

含義——具有長遠影響的決定與行動、忠誠、爲前方的路做好準備、緩慢而穩定地前進、不放棄、你生命中一位忠心耿耿的人、因效忠而行動

反思——你夠忠誠堅定嗎？

當你更深入挖掘，知道自己到底在做什麼嗎？你的動機是什麼、盟友在哪裡？如果你感覺自己已經偏離了人生目標，那剛好提醒自己好好在這件事上下功夫。

寶劍騎士

◈口頭禪——「我知道我在做什麼」

你絕對不會想要擋住這位騎士的路，因為你很可能會被他的馬撞倒在地。所以，我強烈建議你，千萬不要主動招惹這位騎士；他們要不是讓你一槍斃命，就是把你的嘴封住。寶劍騎士有遠大高超的理想，而且他們通常會讓一些蠢蛋很難堪。他們常常看起來很超然、似乎陷入了沉思，因爲他們的腦子幾乎停不下來，很難停止思考。如果你需要有人提供你策略和戰略，絕對可以聽聽這位騎士的意見，即使面對最聰明的敵人，他們也經常可以領先對方兩步。

◈占卜中出現寶劍騎士

含義——行動中帶有智慧、突發的靈感、知識就是力量、運用你知道的一切；不要坐視不管，現在就行動，特別是當你已經宅在一些事情上太久了，認清目標之後就儘快採取行動

反思——行動之前有想清楚嗎？

就算你感覺前方的道路已經非常清楚，在你付諸行動之前還是再仔細想清楚比較好。在你投注所有精力進入未知領域之前，也許還有其他層面需要考慮。

權杖騎士

◈口頭禪——「我會排除一切障礙」

權杖騎士總是隨時準備要去冒險，他們最愛的事情就是去發現新的人事物。他們總是喜歡找人打架，如果一段時間沒有跟人起衝突，他們很可能會主動去挑起事端。雖然

他們靜不下來，但當你需要有人來保護你、爲你奮戰時，他們絕對是最好的盟友。這位騎士會加足馬力一路往前，爲你掃除一切危險障礙，而且毫無遲疑地去執行命令。

◈占卜中出現權杖騎士

含義——旅行和冒險、你生命中會出現新的經歷和新認識的人、爲自己而奮鬥、挑戰你的極限、對某些事情心浮氣躁、擺脫束縛情境、一位會爲你而戰的盟友。

反思——你追求的是哪一種冒險？

對於什麼是冒險，每一個人想法都不同。權杖騎士的能量如果被啓動，表示你會被要求走出舒適圈，去尋求新的經驗，而且你的邊界極限會受到挑戰，隱藏的潛能會被打開。更好康的是，當你看到想去的旅遊目的地有特價優惠，你會毫不猶豫立刻訂票。

王后——關懷照顧

王后牌被定義為一位具有權威的女性。傳統上，王后取得權力與領導權的途徑跟她們的男性對手是非常不一樣的。在很多國家，女人不僅不能跟男人一樣成為國家的統治者，而且還會被拿來作為政治利益與結盟的交換工具。如我們所知，要成為王后，首先你必須先跟一個人結婚，然後才由另一個人賦予你權力。儘管時代已經改變，當占卜牌陣中出現一張王后牌，我們還是可以從情境看到，有時事情確實就是如此。被安排的婚姻依然時有所聞，女人和男人還是會為了金錢、社會地位、權力而結婚。因此，雖然傳統上王后取得權力的方式已經過時，但王后牌所代表的意義，依然相當貼合當今社會。當然，也有人一生下來就擁有王后這個角色，而且跟國王一樣可以領導國家，只是她們領導的方式跟男人不一樣。

王后就是領袖。她們是製造變革的人，擁有巨大的影響力。她們經常比國王更受人仰慕愛戴，因為在塔羅宮廷牌中她們的性格算是比較和藹可親、平易近人。但是千萬別被這種親和力騙了。無論從哪一方面來說，你都不該低估王后。

▼王后牌的關鍵字：

- 母職、母愛
- 老師
- 控制欲
- 很難搞
- 被動式權力
- 管理城堡（請記得，我們每一個人都可以是王后，無關性別）
- 豪氣奢華
- 有創意
- 充滿感情

◈占卜中出現王后牌

當王后牌出現在牌陣當中的「解決方法」、「下一步」或是「未來」的陣位，請檢視一下這個情況中是不是有什麼需要被好好關心。然後看一下這張王后牌對應的元素，你大概就能知道什麼事情需要溫柔愛心的關懷照料。聖杯王后代表自我照顧、原諒、愛自己、關心你愛的人，寶劍王后代表進修學習、滋養心靈、培養理想、接受啓發、培育企圖心，錢幣王后代表照料花園或布置居家生活空間、滋養身體，權杖王后代表爲工作、靈性成長接受更進一步的教育。無論這張王后牌屬於哪一個牌組，或者與她相鄰的是哪些牌，成長和關懷照顧都是事情要取得進展的關鍵，不能忽略這一點。

聖杯王后

◈ 口頭禪——「我關心你的情緒」

聖杯王后就是月亮的化身。她不斷在變化，但是會用她的生命經驗爲事情帶來穩定和智慧。她的直覺力非常強，而且能夠適時表達自己的情緒需要。她擁有反映的能力、善於照顧別人，而且會把別人的需要看得比自己的還重要。她知道萬事萬物都相互關聯，而且對這件事感受很深。她對人非常照顧，而且相信愛可以解決大部分的問題。

◈ 占卜中出現聖杯王后

含義——情緒得到療癒、情緒成熟、接納自己的感覺、只憑藉感情來做決定、感情用事、用情緒來操控別人或是被別人的情緒操控

反思——你最近一次尊重自己的感受是什麼時候？

我們通常都很清楚，在某些情況下需要做哪些事，但實際上面對事情時並不是那麼回事。這件事非常困難。這張牌的出現是要提醒你，要優先考慮你情感上的需要。如果覺得某些事情不對勁，要相信你自己內心的感覺，勇敢拒絕，以免未來更加痛苦。

錢幣王后

◈ 口頭禪——「我關心你的身體」

錢幣王后一心只為她的家庭以及她的小孩而存在。有沒有血緣關係對她來說並不重要。如果你生病了，錢幣王后會為你熬湯煮藥，細心照顧你；如果你遇到感情問題，她會為你燒水泡茶，滋養你的靈魂，讓你盡情暢談你的感情生活。這就是錢幣王后。你只要進了她家門，她就會把你當自己人，把你照顧得無微不至。而且你會發現，錢幣王后常常不是在她的花園、就是在廚房裡。

◈ 占卜中出現錢幣王后

含義——返回你的根、讓家和廚房來滋養你、頭腦層面、實際的指導和務實的愛、接納自己的身體、療癒身體。

反思——你有好好照顧自己的身體嗎？

你可能有攀登聖母峰的宏偉計畫，但如果你不關心自己的身體，根本想都別想。錢幣王后的出現也可以讓你反思另一件事，你的身體對於這樣的照顧方式有什麼反應？是不是有觸發你什麼感受？爲什麼？

寶劍王后

◈口頭禪——「我關心你的心靈」

寶劍王后爲人相當公正無私而且聰明絕頂，有辦法很早就知道誰在胡說八道。人們會來跟她討教一些事情，尋求她的公正裁判或是請她幫忙解決問題。但她一定會提出一個問題來回答你的問題，引導你自己找出結論和啓示，而不會直接告訴你答案。她的話語就是她的武器，而且她知道如何善加利用它們。世上沒有一樣東西會比一位憤怒的寶劍王后口中說出的話語更加鋒利。寶劍王后看起來可能冷酷而且精明，或相當謹慎、隨時在提防他人。知識是她用來關照自己和別人的方式。

◈ 占卜中出現寶劍王后

含義——不偏不倚看待事物、追求真相勝過感性、事情得到釐清、小心你說出的話語。

反思——你有問對問題嗎？

答案就在那裡，重點是你有沒有問對問題。現在不是拐彎抹角、兜圈子的時候。如果你想要得到某樣東西，就清楚直接地提出要求。還有，你真的問對人了嗎？還是你跟太多人要答案？

權杖王后

◈ 口頭禪——「我關心你的靈魂」

權杖王后整個人閃閃發光，沒有人不被她的光彩吸引。她的存在提醒了我們，該如何活出生命的熱情。她的人生旅程是透過經驗閱歷、自我展現以及決心來完成。你會發現，這位王后要不是充滿創意在展現自己，要不就是身邊被一大群人圍繞。無論她做什麼事，都會全力以赴、淋漓盡致，讓她身邊的人深深爲之著迷。

◈占卜中出現權杖王后

含義——追求你的目標、受到啓發或是啓發他人、靈性療癒、自我照護、活力充沛、熱情、清楚表達自我

反思——你追求的是你眞正想要的東西嗎？

如果你發現自己還沒找到眞正的生活目標，那你可以好好運用權杖王后的能量。如果你害怕用自己的眞面目去生活，你也可以好好運用這個能量，因爲它會讓你掃除恐懼、勇於表達自我。她是一位活出自己眞實生命的王后。

國王——領導

以歷史來說，並非每個人都可以成爲國王，國王不是你努力就可以當上，而是因爲他們一出生就在一個王室貴族家庭。事實上，所有的宮廷王室成員皆是如此。當你的占卜牌陣出現任何一張宮廷牌，一定要記得這件事。也就是說，當占卜當中出現一張國王牌，而且這張牌是代表從事領導工作的問卜者，那他們天生就是要吃這行飯的。

國王一出生，肩上就背負了責任，要等到後繼有人，才能卸下職位。從歷史來看，自願讓位下台的人並不多。大多數人都會爲了王位而殺人，事實上也確實很多這樣的例子。

位居領導地位是必須付出代價的。所有人的目光都會集中在這個統治者身上。他的行動和決策可以引發戰爭、也能締結條約，而且，始終會有一群人對這位掌權者提出質疑。所以，國王牌的出現等於是在問：「你眞的想擁有統御權嗎？」那是一個沉重的責任負荷，一種對於他人的責任義務。國王也知道，總是有一些人會想要看到他們失敗，但他們還是會繼續努力不懈。是什麼動機力量驅使他們這樣做？從他們所屬的元素可以看得出來。

占卜牌陣當中出現國王牌，你可以檢視一下其他的牌，看看這位國王是在爲他人謀福，還是貪婪自私只顧自己；是否他們的實際行爲態度和人生理想不相符。他們是閉著眼睛在統治這個王國？或是對自己所造成的影響毫不在意？還是他們能與世人眾生緊密相繫？

國王牌的另一個面向是，他們毋須眞的去回應任何人，他們說出的話往往就是定案。當這件事受到挑戰，這四位國王的反應皆不一樣。國王一向都是我行我素，而且不會喜歡有人挑戰他，尤其是在公開場合。

國王牌的關鍵字：

- 統治者
- 冷酷無情
- 領袖
- 成熟
- 無私
- 居優勢主導地位
- 力量
- 宏觀（隨時保有寬廣的視野）
- 統計學家
- 嚴肅
- 善於計畫
- 堅持形象
- 權威
- 承擔責任

◈占卜中出現國王牌

當占卜中出現國王牌，而且所在的陣位代表「解決方法」、「下一步」或是「未來」時，請進一步檢視所有與領導力有關的事情。是哪一方面的領導力？人們不服從你的領導嗎？或者你想要放棄你的領導權力？接著進一步看看這張牌是屬於哪個元素。聖杯國王代表從愛出發的領導，寶劍國王代表注重群體利益、明智的領導，錢幣國王代表相當接地氣、凡事親力親爲的領導，權杖國王代表重新打造某些事物，然後用全新的方式帶領大眾。無論是哪一個牌組的國王，或者與他相鄰的牌有哪些，領導力都是事情進展的關鍵，不能被忽視。

聖杯國王

◈口頭禪——「我用我的心來領導」

聖杯國王一定會把他們的家人放在第一優先，也包括他們認定爲家人、以及他們所關心的那些人。他們心心念念的，都是他們的王國和所有子民的幸福。他們覺得必須對得起自己所擁有的領導地位，也不能辜負他們遇到的每一個人。這位國王很擅長化解潛在衝突，是一位非常傑出的外交官。

◎占卜中出現聖杯國王

含義——以愛來領導眾人、以慈悲胸懷來做決策、認爲愛自己和照顧自己很重要、外交手腕極佳；信賴你對人的直覺，包括你生活中遇到的所有人和工作上的同事。

反思——當你面臨選擇時，會聽從你的心嗎？

運用這位國王的能量，就能連結你的頭腦以及你的心，讓你做出的每一個選擇都能與你的眞實感受相呼應。由於聖杯國王是具有慈悲心腸的領袖，這張牌的出現是希望你能問問自己，你做的每一個選擇是否會對別人造成什麼影響。

錢幣國王

◈ 口頭禪——「我用我的錢包來領導」

錢幣國王會確保每一分錢都被善加利用。他們是做生意的高手，而且一定要弄清楚他們人生的每一項投資會得到什麼回報。對他們來說，自然資源極需重視，但生活水準也一樣重要。他們喜歡用務實的方法去領導眾人和做決策，跟其他宮廷牌成員比起來，他們比較不容易受到動搖。

◈ 占卜中出現錢幣國王

含義——金錢就是力量、善用你的資源做出最明智的決策、確定你有好好照顧自己、量入爲出、照顧好你的事業、踩穩腳步踏實前進、堅持老路線。

反思——你是不是毫無原因地重複做一些沒用的事？

改變是好事，但有時候我們沒有足夠充分的理由，卻一味想要追求改變。假如你一直抗拒做一些基本功，請好好運用錢幣國王這個人的能量。記得，你的投資回報一定會證明，你現在所做的一切都是值得的。

寶劍國王

◈口頭禪——「我用理性邏輯來領導」

寶劍國王可能是一個可怕的混帳東西。他們絕頂聰明，而且能夠運用自己的才智去獲取他們想要的東西。如果有需要，他們也很會鑽漏洞，而且一定會爲自己辯解。他們擁有高度專注力，不太容易受人操縱。這位國王一定會讓自己身邊圍繞著聰明人，而且，假如他們是一位優秀的領導者，一定會知道他們的弱點在哪裡，而且也會把那些弱點藏好。對於他們所照顧的人，他們會用理性邏輯爲這些人做出最好的決定。

◈占卜中出現寶劍國王

含義——謹慎使用你的語言並直截了當講重點、採取行動之前盡可能從每一個角度來看事情、好好把你的盲點藏起來、縱覽全局，做出聰明的決策

反思——從現在開始，哪一條才是最聰明的路？

寶劍國王很有眼光，而且有能力擘畫未來。他們活在一個充滿可能性的世界，如果你需要清晰的遠見，跟這樣的人合作是很棒的事。

權杖國王

◈口頭禪——「我用熱情來領導」

權杖國王是非常有魅力的人，他們對於自己的信念充滿熱情，讓人很容易受其感染。你只要站在權杖國王身邊，就會覺得自己受到激勵、被點燃，無論這件事持續的時間有多長，它都是一種強而有力的交流。權杖國王通常是依據他們的信念來做決定，而

且會爲了理想盡心盡力去打拚。他們對於志同道合、熱衷相同事物的人也會給予熱烈回應。權杖國王是一個充滿熱情熱力的夥伴和盟友，而且，如果他們對你印象很好的話，會立刻挺你到底。

◈占卜中出現權杖國王

含義——鼓舞他人、控制自己內心的衝動欲望、明智地運用權力、堅定捍衛自己的信念、魅力型人格、勇敢無懼。

反思——你是爲自己熱愛的事而奮鬥嗎？

把時間放在我們眞正熱愛的事物上，非常重要。善用權杖國王的能量，可以讓你看見自己眞正的熱情所在，幫助你做出正確決定。

Chapter8

原型與宮廷牌

Archetypes and The Tarot Court

原型到底是什麼？

爲什麼我們一開始就要先爲塔羅宮廷牌設定原型人物呢？所謂的原型，就是某樣事物的「典型範例」，或是其「原始樣貌」，儘管它一再重複被複製和模仿，但本質始終沒有改變。它們是相互關聯的主題、象徵、刻板形象以及實體化身，而且這種關聯不受文化與地理位置所限。

在榮格心理學當中，原型是普遍爲人所知的概念，他們經常被形而上學和新時代領域的人拿來運用。榮格爲人類的蜂巢式心靈意識創造了一個名詞，叫做「集體潛意識」。它是由象徵符號、神話、本能直覺以及原型所組成的集合體。這就是爲什麼我們會發現，不管是世界哪一種文化，一定都有一個掌管愛情的女神或掌管戰爭的男神。這些都是原型的最佳例證，因爲不管你來自哪個地區、哪種文化，一定都會有愛情與戰爭。人類的集體經驗，就是原型概念誕生的基礎。

爲什麼原型對於塔羅來說如此重要而且實用？七十八張塔羅牌本身可說就是原型的視覺展現：它涵蓋了我們的共同經驗、人際關係、人物性格，以及你生活中所接觸到的人。爲什麼塔羅能夠在世界風行，這是原因之一。我們在這些紙牌當中看見了自己以及我們所愛的人。我們在這些紙牌當中看見我們的人生經歷、看見我們共同的苦痛與歡欣勝利，也看見我們所厭惡的人。

塔羅宮廷牌的每一位成員，都有他們各自所屬的原型。藉由原型的概念，我們就可以了解每一張宮廷牌的含義，以及他們在一局占卜牌陣當中所代表的意義。同時，我們也可以利用原型的概念，把宮廷牌當作一種個人成長的工具，藉以了解我們人格中的各個不同面向。除了用來探索個人，我們也可以看到這些原型彼此之間是如何互動的，並且了解我們在人際關係當中的動力狀態。

接下來，我會給每一張宮廷牌設定一個原型，然後逐一深入探討這些宮廷人物的原型性格內涵。讓每一位宮廷成員都擁有一個可辨識的能量，我們就不至於在占卜時被他們的行動、反應、行爲搞混，弄不清楚他們是誰。這些原型是我自己提出的概念。有些你可能不是很認同，那也沒關係。你可以接受的，就拿去用，其他就暫時擱在一邊。爲了行文方便起見，以下這個章節的內容，我會交替使用傳統宮廷牌標題和原型名稱。

在探討塔羅原型時，請記住，你可以是任何一個原型，不管這個原型的名稱是什麼，也不管這個名稱原本被設定的性別、或是你使用的塔羅套牌的宮廷牌標題爲何。原型探討的是人的性格與行爲模式，跟你擁有何種性別特徵無關。

聖杯國王
The King of Cups

關鍵字

- 家人優先
- 性感
- 體貼
- 深沉
- 重視人際關係
- 具有改造能力
- 充滿魅力

星座——天蠍座

聖杯國王是占星學第八宮的宮主。第八宮是與性、死亡、遺產繼承、權力、轉化、以及心理學有關的宮位。由於它的某些關鍵主題帶有禁忌性質，因此也是對立意見最明顯的宮位。人們對於像是死亡、權力、性這類的事情往往反應都非常極端。

▶壞女孩塔羅和慕夏塔羅

原型——黑帝斯——暗黑意識／冥界之王

聖杯國王的原型是冥王黑帝斯（Hades），但並不是指陰暗負向的那一面。他們只是對於大多數人覺得不舒服的那些東西感到相當自在罷了。他們對自己的黑暗面知之甚詳，而且完全擁抱它、接納它。一位眞正有力量的聖杯國王，他們早已走過靈魂的暗夜，將黑暗融入自己的精神之中。擁有這股完整的力量，有時也意味著，對於那些害怕自己陰暗面的人來說，聖杯國王非常具威脅性，而且經常讓他們感覺壓力很大。

如果聖杯國王掉入陰暗面，他們可能會出現過度情緒化的行爲，用不健康的方式來處理情緒，比如過度飲酒、說謊或是暴力。聖杯國王行事向來不留一手；他們總是全身投入，好事壞事皆然。另一個極端是，聖杯國王有可能會完全退縮，在感情上把自己封閉起來——他們會陷入長時間的憂鬱，直到恢復正常，才開始去面對事情。在這之前，沒有人有辦法強迫他們走出自己黑暗陰鬱的心情。

聖杯國王有時也經常迷失在自己的情緒當中。在做出任何決定之前，他們會想得很透澈，而且對於能夠影響他們的人相當謹愼以對。他們絕對不會輕易透露自己的謀略，寧可把牌緊緊握在胸前。因爲洩漏自己的弱點或是給別人機會而導致失敗，不是他們會做的事。

聖杯國王／黑帝斯擁有高度的忠誠之心。他們有自己的一套道德準則，而且往往會把家人擺在第一位。他們是那種會希望自己的孩子來繼承王位、讓王國永世長存的領導者。基本上他們並不想要幫自己的孩子安排人生，雖然某些情況他們確實會這樣做，因爲他們認爲自己花了畢生精力與時間建立起來的王國，應該要由自己的孩子來繼承。

◈ 在情愛關係中

聖杯國王非常認眞、熱情，而且只想跟一個人在性愛和感情方面有很深的連結。

假如你很膚淺，關心自己喜歡的電視實境秀勝過在意世界發生什麼大事，那麼你跟這位情人晚上在臥房裡絕對能搞得很火熱，但他們絕不會不知變通。跟聖杯國王交往的人都很清楚，在床上他們一定會花招百出令你目不暇給。聖杯國王會深深愛上一個人，完全沉浸在熱戀之中。他們非常愛他們的家人，當面臨抉擇時，絕對會把家人的利益擺第一。

人們通常很容易被黑帝斯的熱情吸引，但也有很多人招架不住。聖杯國王是出了名的誠實無欺，而且經常太過直接，近乎殘忍。不過，這往往不是他們的本意。純粹只是因爲他們並不擅長客套寒暄、拉東扯西，寧願少說廢話，然後單刀直入。他們其實很容易受到別人話語的影響，別被他們外表的自信騙了；他們很在乎別人的看法，特別是如果他們已經愛上你。

聖杯國王是非常慷慨大方、極富同情心，而且相當有教養的人。他們會謹慎選擇要跟誰在一起。假如你是被選中的人，那你眞的非常幸運，因爲他們會全心全意用他們的愛澆灌你。不過，一旦遭到背叛，聖杯國王就不會再跟你保持原有的關係，即使他們心裡已經原諒你，他們也會牢牢記住，一旦關係裡面存在不忠，你就幾乎再也沒機會跟聖杯國王談感情了。他們會把你趕出他們的生活，永遠不再回頭。千萬要小心。

假如他們的行動受到陰暗面的驅使，聖杯國王可以神不知鬼不覺地操縱整個情勢，沒人知道發生什麼事情。他們能夠感應對方的動機，而且利用這個動機來佔你便宜。至於要勒索你到什麼程度，完全取決於他們想要對你多壞。最極端的情況是，假如聖杯國王過去受到創傷沒有復原，他們很可能會變成對感情強烈依附，甚至出現言語虐待等情況。

◈在工作職場上

聖杯國王迷戀任何能夠對他人產生影響力的職位。他們會想要成爲行政首長、宗教領袖、激勵人心的演說家，還有推銷員。他們很自然會去選擇這些角色。對於大海和水域，他們也深深著迷，因此一些跟水有關的工作，像是水手、漁夫、衝浪人，還有海洋生物學家，都很適合他們。由於死亡、改變、轉化都是這個原型的一部分，他們也會喜歡與醫學、護理、心理學以及安樂死這些領域有關的工作。

黑帝斯原型的人是一個充滿熱情的領袖。假如他們對自己的工作有很強的信念，他們一定會爲自己的工作團隊以及能夠幫助他們達成目標的人赴湯蹈火在所不辭。作爲一名管理者，聖杯國王非常重視忠誠度和誠實，他們會很想要跟無懼於改變現狀的人一起共事。

假如他們的行動受到陰暗面驅使，聖杯國王可能會變成有點像是騙子，利用他們的性感魅力去得到他們想要的東西，想要不勞而獲。如果你能靠上床來爬到事業頂峰，幹麼還要大費周章找一堆人來幫你工作？

◈ 聖杯國王／黑帝斯原型的指標

- 你希望愛情當中雙方能有深刻的情感連結，寧缺勿濫
- 誘惑他人是你的強項之一，而且人們通常認爲你很有魅力
- 你的人生曾經傷痕累累，而你不僅活下來了，而且活得相當精采
- 你很自然就能感應到其他人的陰暗面，而且很容易被他們陰暗的那一面吸引
- 你的直覺力非常強
- 權力和性對你來說經常是緊密關聯的

◈ 聖杯國王的優勢

- 對於自己擁有的權力以及對他人的影響有所覺知
- 聰明而且有很強的洞察力

- 有文化修養
- 勇敢無懼
- 面對緊張和艱難困境依然表現出色
- 有創造力

◎聖杯國王的陰暗面

- 操縱他人
- 陰暗／喜怒無常／鬱鬱寡歡
- 容易上癮
- 具有破壞力
- 情緒太過強烈時會投射在他人身上
- 狂妄自大

◈聖杯國王原型的解牌要訣

即使是經驗老到的塔羅好手，有時也很難確認一張宮廷牌到底是代表問卜者自己的其他性格面向、或是代表另一個人。占卜當中出現聖杯國王，你可以用這些行爲來作爲辨識標準：

- **動機**——這個人對於他愛的人或是他視爲家人的人非常忠誠，而且一定會保護他們。
- 冷靜看待高度情緒化和緊張的狀況，不會認爲那是針對自己，也不會讓那些負面的東西影響你。
- 此人話不多、非常有魅力，全身散發著一種危險和誘人的性感氣場。你知道這個人會很麻煩，但你就是情不自禁被他吸引。

如果聖杯國王這張牌出現在代表結果、行動或是下一步的陣位，那麼建議你可以採取以下行動，善加運用這個原型的力量：

- **問自己**——我要用什麼方法來應付這個狀況？或是以更成熟的情感與平靜的心來排除這個障礙？

- 自我探索，試著去了解你自己的優勢和局限在哪裡，並開發你身邊的環境來作爲你的助力。
- 思考這個狀況中其他人的感受和動機，它如何對涉入其中的人以及狀況本身產生影響。
- **功課**——如果是黑帝斯，他會怎麼做？藉由了解這個原型人物的神話，來尋找更深的答案以及讓事情往前推進的選項。由於很多神話的情節都很誇張，尤其冥王黑帝斯更是，因此別讓自己太拘泥於那些表面情節。

聖杯王后

The Queen of Cups

關鍵字

- 敏感
- 開放
- 直覺力強
- 充滿愛心
- 重視靈性面
- 靈通能力
- 神祕感

星座——巨蟹座

聖杯王后主掌占星第四宮，這是跟住家田宅以及家庭家人有關的宮位。這個空間屬於父母親、孩子、親屬，以及跟家庭和家人有關的深層需求。

▶日常女巫塔羅和蒸氣龐克塔羅

原型——神祕主義者——女祭司和通靈人

聖杯王后是一位有深層感受力、情感豐富、具有靈通能力、高度靈性以及療癒能力的神祕主義者（The Mystic）。他們天生擁有知曉事物的能力，直覺力很強，也非常感性。他們知道自己內在有很強的能力，而且也能夠以自己的這份天賦爲榮，用它來幫助別人。神祕主義者擁有過人的天賦，能夠幫助人們開啓自己的天生直覺和靈通能力，而且經常在很年輕的時候就迷上助人的靈修道路。

這個原型的人有一種能力，在別人還沒開口之前就知道對方要說什麼，他們只要進到一個房間就馬上能感受那個房間的振動氛圍。他們的夢境通常很清晰，跟那些較爲務實、世俗的原型比起來，他們顯得有點超然空靈，因爲他們總是有一隻腳（甚至半個身體）踏在靈性和無形能量的領域裡。他們對於水晶、地球精靈（仙子妖精）以及各種神奇魔法物品非常著迷，比如塔羅牌，也會很自然地把它們拿來作爲工具使用。

聖杯王后也非常有愛心、感性，而且善於照顧人。他們是那種會非常疼愛、關心、照顧每一個小孩子的人，無論這些小孩跟他有無血緣關係。他們知道，小孩子應該被重視，而且需要我們大人的照顧，將來才能改變世界，他們能在自己關心的人身上看到他們未來的潛力，他們能在所有人身上看見潛能。這是他們靈通能力的延伸，他們就是以這種方式在關心支持身邊人的靈魂。

如果他們沒有從事任何靈修，或是讓自己被情緒控制、表現很情緒化，神祕主義者原型的人可能會過度保護別人，或是壓力負荷過重。他們不害怕用眼淚來得到他們想要的東西，而且他們就是善於用情緒來操縱別人，讓人們覺得有罪惡感。你永遠不會發現你正在被這個人挑動，甚至完全不知道你已經掉入他們設下的陷阱。

假如神祕主義者的行動受到陰暗面的驅使，他們會變得非常冷酷無情，甚至在利用對方的弱點時也面不改色，連眼睛都不會眨一下。他們會變得面目猙獰，顯露非常邪惡的一面，如果又缺乏良心，他們會把人們的辛苦錢通通騙走。

◈在情愛關係中

聖杯王后是非常忠誠而且溫暖的伴侶。他們很喜歡被自己所愛的人、以及愛慕自己的人圍繞，眞的超級無敵浪漫。他們是天生照顧人的能手，在戀愛中他們會擔當起照顧者的角色，而且會被那些需要療癒或是關心照顧的人吸引。他們對於戀人的了解甚至比了解自己還多。這很可能會給他們的戀情帶來反效果，因爲他們愛上的似乎是對方尚未被開發的潛能，而不是那個人的眞實現狀。他們有能力看到可能存在的東西，卻往往看不見眞實，所以他們常常堅持執著於一段早該結束的關係。

他們也很容易變得感情依賴，尤其當他們懷疑自己的存在價值，或是讓伴侶開始貶低他們的直覺天賦時。假如他們對於被愛的需求勝過做眞正的自己，他們很容易選擇一個會否定他們的直覺力、壓抑他們的眞實本性的人來交往，強迫自己放棄天賦才能，只爲迎合對方的心。

聖杯王后也很容易在感情中變成隱形人。他們不會喜歡成爲鎂光燈焦點，也不喜歡在生活中做重大決定，因此經常感覺自己的聲音沒有被聽到。他們也會因爲忙於照顧別人的需要，而把自己擺在最後。假如你正在跟聖杯王后談戀愛，請務必要給他們多點愛和時間來充電，否則他們很容易把自己燃燒殆盡或因此崩潰。

◈在工作職場上

你一定可以在一些跟情緒和直覺療癒有關的場合見到聖杯王后的身影。只要他們覺得能夠運用自己的天賦才能來造福大眾，他們都會竭盡所能加入相關工作團隊。任何跟個人成長發展、精神諮商與輔導、療癒以及跟孩童有關的工作，都是聖杯王后施展才能的地方，他們在這些領域感到相當得心應手。

在一個團隊工作中，老是在爲每一個人謀福利，而且能掌握團隊氣氛的那個人，一定是聖杯王后，所以，如果你是這個團隊的領導人或管理者，請密切注意聖杯王后的動靜。他們會在事情不是如你所想那般順利時，很早就用他們的肢體語言和話語來告訴你。他們知道一個安心的工作空間有多重要，因此他們所選擇的職位和公司，一定要能在這一點上照顧員工。

神祕主義者原型在工作上經常會被忽略，因爲他們只管埋首做事，而不會去追求別人認同的掌聲。他們往往對自己的工作場所和同事投注相當多的感情，如果工作場所出現什麼重大變化，他們也會跟著緊張。他們不喜歡在工作上有誇張情緒的場面出現，假如發生霸凌或是跟同事相處不愉快，他們都會選擇辭職去找一份新工作，而不會留下來解決問題。

聖杯王后／神祕主義者原型的指標

- 會憑直覺做決定
- 天生善解人意，而且能將它發揮在生活所有地方
- 有能力幫助別人運用他們自己的靈通天賦
- 高度關心他人的需求
- 相當方沉迷於靈修教導和奧祕傳統
- 從心輪和眉心輪來說話
- 帶著高度的興致去了解他人
- 很清楚自己何時能運用自己的天賦、何時不該介入

聖杯王后的優勢

- 聰明
- 不需靠語言就能與人溝通
- 跟人都能建立良好關係

- 天生的人道主義者
- 對自己的天賦有責任感
- 有慈悲心
- 一生爲靈魂而服務
- 幫助別人療癒情感關係和心

◈ 聖杯王后的陰暗面

- 玻璃心
- 害怕受到他人粗暴對待
- 優越感
- 不踏實
- 防衛心很強
- 脫離現實
- 情感操控
- 烈士、殉道者

◈聖杯王后原型的解牌要訣

即使是經驗老到的塔羅好手，有時也很難確認一張宮廷牌到底是代表問卜者自己的其他性格面向、或是代表另一個人。占卜當中出現聖杯王后，你可以用這些行爲來作爲辨識標準：

- 一個直覺力很強的人，每次都能在事發之前就先預知，或是擁有別種靈通天賦，而且能實際使用這份才能的人。
- **動機**——所有的行動都是基於關心自己，因爲愛自己而去關懷照顧別人。
- 會用情緒操控來得到自己想要的東西，尤其是讓對方產生愧疚感或是情緒勒索。

如果聖杯王后這張牌出現在代表結果、行動或是下一步的陣位，那麼建議你可以採取以下行動，善加運用這個原型的力量：

- **問自己**——在這件事情上我有聽從我的直覺嗎？或者我一直都無視它的存在、一味恣意妄爲（你可能會一直重蹈覆徹，直到你學會傾聽直覺）。
- 學習擁抱你的情緒感受，把它們當作上天給你的禮物，並學習透過直覺和培養心靈感受力來保護和控制情緒感受。

- 不要光看表面事態，要更深入去看清眞相。在你踏出下一步之前，要好好想清楚。
- **功課**——如果是「德爾菲神諭」會怎麼做？試著了解這個原型的神話，尋找更深的答案以及讓事情往前推進的選項。

聖杯騎士

The Knight of Cups

關鍵字

- 浪漫
- 專注
- 勇於冒險
- 令人心醉神迷
- 充滿藝術氣息
- 可愛迷人
- 熱情
- 表達力很強

星座——雙魚座

聖杯騎士主掌占星第十二宮，這是跟玄祕與奧祕事物有關的宮位。宇宙所有的神聖奧祕與魔法都跟這個宮位相關聯。聖杯騎士通常會受到召喚，去從事與高階神祕力量有關的工作。這也是最能代表所有算命師、占卜師工作的一張牌，因爲他們對生命的奧祕深深著迷。這也是代表自我反照與自我破壞的宮位，因爲這兩者原是一體兩面。

▶日常女巫塔羅和壞女孩塔羅

原型——浪漫情聖——情人和風流才子

聖杯騎士以浪漫情聖（The Romantic）作爲原型，是一個感性的理想主義者。雖然他們可說是地表最性感的動物，但他們也相當容易忘事而且個性難以捉摸。他們是無可救藥的浪漫主義者，相信愛情能夠戰勝一切。他們一生夢寐以求的就是一段完美的愛情。浪漫情聖原型者是那種會完全陷溺在情愛世界中的人——相對來說，眞實世界簡直就像地獄。如果能跟一個新對象陷入絕美熱戀，誰還管現實？他們是那種會爲情人做任何事情、赴湯蹈火在所不辭的人，而且對於自己能夠無愧於他們理所應得的名聲感到相當自豪。他們經常把愛情和愛人當成偶像般崇拜供奉，而且對於過去的感情也始終只會粉飾太平。

浪漫情聖原型者也是夢想家和藝術家，這是最能用來展現他們所感受到的愛情的一種方式。他們能夠從身邊一切事物看見美。人們會被這樣的人深深吸引，因為他們總是用滿懷熱情的目光來看你，你會很想要跟他們在一起、跟他們一起編織夢想。在他們的生活中，處處可見創意表現的爆發。

如果他們的創造力能量和需求沒有被引導到正確的方向，可能會沉迷於某些感覺，用它來填滿空洞。他們會一直去追求自己根本無法掌握的東西，但其實他們愛上的是那份渴望、那個追逐感以及新鮮感罷了。

◈在情愛關係中

聖杯騎士/浪漫情聖總是在追求完美的感情，追求完美的另一半、靈魂伴侶、雙生火焰、一個能對他們回報相同情感熱度的人。尋找這樣一個人，就是他們一生的追求和活著的目的。一旦真的給他們找到了，天知道他們會做出什麼事呀！因為牢牢守住一份感情根本就不符合他們的作風。當他們自認爲找到那個人了，他們會突然發現，事實上那只是一個虛幻假象，然後他們會馬上轉身離開，又去尋找另一個人。

他們也會扮演情感的拯救者，因爲他們想要覺得自己被需要。他們想要英雄救美，所以會四處去尋找那些能夠讓他們實現浪漫行爲的人。他們也會自省，而且感受比較深刻，很容易被自己所愛的人傷害。

所有的騎士牌都對應火元素。當聖杯騎士發揮火元素特質時，講話會很刻薄，而且知道用什麼樣苛刻的語言能夠傷害對方。因爲受到火的影響，聖杯騎士在愛情關係中經常表現得非常誇張。他們想要用盡全身力氣去感受一切，即使這根本無法突顯出自己或對方好的一面。

浪漫情聖原型者經常會緬懷起自己過去的戀情，而且一談到舊戀人，一定會戴上浪漫的玫瑰色眼鏡。他們甚至刻意抬高對方的形象，但其實沒什麼事實根據，只爲了讓自己有藉口可以貶低某人，而不用背負太大的罪惡感繼續我行我素。

◈ 在工作職場上

聖杯騎士通常多才多藝，不只有很高的創意才能，而且在實際執行的技巧上也非常出色。他們知道如何多方運用創意，從服裝設計到電腦程式、用影像說故事，以及語言文字的使用。無論他們是在一個創意團隊裡面或是自己當老闆，都可以做得非常成功。如果他們是點子很多的老闆，那就會需要有人來幫他們保持創作的動力，或是把他們不想做的工作外包出去，比如會計和行銷。他們只想要做自己熱愛而且專精的事情，這樣就夠了。

不過浪漫情聖原型的人也滿善變的，而且很難長時間專注於一項計畫或工作。他們不會去做那種需要專注細節和做很多分析的事情，因此，假如你跟聖杯騎士共事，務必要在工作團隊裡安排個性比較務實的人，才能讓工作順利完成。聖杯騎士不喜歡一大堆規則和繁文縟節，如果事情不能順利進行，他們會覺得很挫折。如果他們心情不好，你幾乎很難讓他們乖乖聽話，他們是最不容易管理的一群人。

他們也很容易在工作當中惹是生非，而且很喜歡八卦，甚至經常是那個挑起事端的人。如果他們在工作上與上司或管理者起衝突，就不可能再待在那個地方了。只要他感覺對方冤枉他，他絕對不會跟那個人好好坐下來一起解決問題。

當浪漫情聖要追求一個對象時，心中絕對不存在「越界」這種東西，因此，這個原型的人一旦專心投入工作，也會非常賣力跟同事、老闆以及員工一起打拚。最好能把公司所有的規則都打破那更好，這樣他做起事來會更有幹勁。

聖杯騎士／浪漫情聖原型的指標

- 你非常浪漫而且喜歡談戀愛的感覺
- 覺得找不到對的人，經常發現自己找錯戀愛對象
- 比起實際抓捕獵物，你對追逐更有興趣
- 你一直在愛情上、工作上、生活上漂泊不定，而且經常憑感覺行事
- 忠於自己生命中熱愛的事物，包括對你自己或是你正在進行的工作
- 有很多渴望與夢想，但是覺得很難實現
- 老是覺得自己被權威人物誤解

聖杯騎士的優勢

- 浪漫
- 善於表達愛
- 會逼迫別人走出舒適圈

- 不喜歡一成不變
- 藝術方面的開拓者
- 不會追求穩定

聖杯騎士的陰暗面

- 很愛玩追逐遊戲，而且把愛情當成一種運動比賽
- 對戀情不會付出眞心
- 在生活各方面都會表現得很誇張
- 不是大好就是大壞，幾乎沒有中間地帶
- 缺乏定性因此比較晚熟

聖杯騎士原型的解牌要訣

即使是經驗老到的塔羅好手，有時也很難確認一張宮廷牌到底是代表問卜者自己的其他性格面向、或是代表另一個人。占卜當中出現聖杯騎士，你可以用這些行爲來作爲

辨識標準：

- 能夠看進你的靈魂深處，能言善道、非常浪漫的人。
- 因玩弄別人感情而惡名昭彰的人。
- 性格不穩定、喜怒無常的人，不喜歡別人破壞他們的幻想或是潑他們冷水。
- 不斷在追求幻想中的戀愛對象，而不是眞正適合他們的人。這個人會戴著浪漫的粉紅色眼鏡看待他生活中的每一件事情，而不只是對他們的戀愛對象。

如果聖杯騎士這張牌出現在代表結果、行動或是下一步的陣位，那麼建議你可以採取以下行動，善加運用這個原型的力量：

- **問自己**——我追求的是眞實的東西？還是我所執著的幻象？我是不是害怕在情感上做出承諾？
- 學習把你的心意、你的渴望、你的需要表達出來。你可以透過文字書寫、繪畫、音樂、舞蹈來做這件事。去發現你內心的浪漫聲音，允許它有機會出來。
- 聽從你內心眞正的聲音，當你找到眞正熱愛的事情，立即採取行動。
- **功課**——如果是大情聖卡薩諾瓦/羅密歐/茱麗葉，他們會怎麼做？試著去研究這個原型的戲劇角色或流行文化代表人物，來尋找更深的答案以及讓事情往前推進的選項。

聖杯侍者

The Page of Cups

關鍵字

- 以家庭為重
- 情感開放
- 想像力豐富、有創意
- 心靈感應力強
- 擁有改變能力
- 魅力超凡
- 感性

星座

聖杯侍者沒有固定指派的星座。共感人（The Empath）／聖杯侍者可以是任何一個水象星座：巨蟹、天蠍、雙魚。

▶三相女神塔羅和慕夏塔羅

原型——共感人

聖杯侍者是非常敏銳、感性的人，如果他們身處的環境能夠接納和支持他們這種特質，它就會成爲一種難得的天賦才能。他們很容易流露自己全部的心意和感情，也很容易受傷，會把別人講的話放在心上。一旦在情感上受到傷害，就得花很長的時間才能復原。最重要的是，如果你的朋友、小孩、情人或是家人裡面有共感人原型者，一定要鼓勵他們好好發揮自己的才能，並學會妥善管理自己的強大能量，這樣他們才能更深刻感受內在的自主權，不至於被外部世界壓垮。

共感人原型者渴望學習一切和能量、愛、情緒、美學有關的東西，因爲這是他們天生就了解的語言。他們是藝術、詩歌、繪畫的學習者。也熱愛水域，是大海的孩子。聖杯侍者需要大量的水來獲得充電和淨化他們的能量，光只靠平常的洗澡是沒有辦法的。

這個原型的人很容易陷入憂鬱情緒或晚上做惡夢，假如他們接收了太多不屬於自己的能量，或是不知道如何掌控自己天生的共感天賦的話。有共感同理心的人也需要練習放下，來取得良好的平衡，才不至於承受了太多旁人的情緒，而把自己壓垮。

共感人是最難在人群聚集的地方，或是陌生場所、喧鬧場合裡感到自在的人，因爲共感人本身就是一塊能量和情緒海綿。他們會不由自主把身邊一切都吸收進來，就像呼吸一樣自然。如果要解決這個問題，共感人就要懂得如何徹底淨化自己的能量，還要給自己大量的時間來充電。

雖然共感人的這種天賦可以一直維持到成年，但很多人爲了讓自己活得比較舒服一點，不得不把這個能力關閉起來。因此，小孩子比成年人更容易判斷是不是共感人。共感人終其一生都在學習其他宮廷牌成員的技能，他們跟騎士學習行動、跟王后學習照顧別人、跟國王學習領導統御。他們就像這個牌組的原生元素，攜帶著這個元素最根本的力量——水／情緒感受。

在情愛關係中

由於聖杯侍者需要另一個人來給他們安全感、讓他們安心，因此他們的愛情很容易變成相互依賴的關係。他們會在愛情當中奉獻百分之百的自己。當他們付出愛的時候，眞的貼心得要命，而且不用你來告訴他，不管任何時候，他都一定知道對方需要什麼。

他們也會在情感上非常依賴對方，而且很想要得到對方的贊同和長久的保證。他們是一隻愛情的變色龍，很聽話、很願意順從對方。但他們也是一座情緒電廠，經常需要對方的關愛，而且身上有千百萬個觸發器，任何一點風吹草動都能讓他們產生警戒，尤其當他們感覺壓力很大快要無法負荷時。

假如他們沒有好好控管自己的天賦才能，情感會變得很尖銳、激烈，因此可能變得很難跟人相處。由於他們會把別人的能量全部吸收進來，以致很難向對方表達自己眞正的需要，因爲他們有時候根本無法確定那些感覺到底是不是他們自己的。他們用來讓對方順己意的其中一樣祕密武器就是——大發脾氣。

共感人原型者的父母親、家人以及情感伴侶通常很了解共感人擁有的特殊天賦。每一個共感人展露天賦的方式都不太一樣，因此，儘量自然地去跟他們講話，你只要挺他們、站在他們那邊，大家就能相處愉快。一旦有了理解和開放式溝通，父母就能夠保護和幫助他們的共感人小孩順利發展，父母和家人可以鼓勵他們多多靠自己的力量、發展他們的天賦。

◈在工作職場上

共感人很需要在工作上得到成就感，而且很希望自己的工作能夠被稱讚。在工作上他們同樣很需要安全感。他們通常容易恍神、隨波逐流，而且會展開一大堆創意計畫，卻沒有一項完成。他們是天生的藝術家，往往在很小的時候就擁有第一套爵士鼓或第一把吉他，會玩很多種樂器。如果受到良好栽培，這項天賦通常都能伴隨他們度過一生，但他們也可以在荒廢多年之後重拾技藝，像從來不曾中斷過。

這個原型的人如果沒辦法好好控制他們的才能，可能會讓自己變成在大城市中陷入忙亂工作，或是在大公司忙到不可開交的人。這對他們來說負荷眞的太重了。他們寧願自己在家經營一個小事業，或是身邊圍繞著有創意而且了解他們的人，勝過擁有一份固定薪水。

◈聖杯侍者／共感者原型的指標

- 從小就擁有很強的同理心天賦
- 曾經有過、或現在就處於相互依賴關係中（不只是跟情人，也包括任何一種關係：兄弟姊妹、父母親、朋友）
- 對於愛的觀念是：如果不是全部，那就是全無
- 不斷處在精力能量和情緒崩潰的邊緣
- 很難爲生命中的失敗經驗承擔責任

聖杯侍者的優勢

- 擁有別人沒有的讀心能力
- 想像力非常豐富，而且擁有無窮盡的創意點子
- 用全生命去愛人
- 深刻關懷自己的社群共同體、家人以及大自然的福祉
- 不需要你提出要求，他就會照顧你
- 對於自己的感受能夠開誠布公

聖杯侍者的陰暗面

- 沒有得到他們想要的東西時會生悶氣
- 對於感情關係之外的自己沒有信心
- 對於如何跟外界相處沒有把握
- 經常想要逃避
- 把錯誤歸咎給別人

聖杯侍者原型的解牌要訣

即使是經驗老到的塔羅好手，有時也很難確認一張宮廷牌到底是代表問卜者自己的其他性格面向、或是代表另一個人。占卜當中出現聖杯侍者，你可以用這些行爲來作爲辨識標準：

- 此人會毫無保留地坦誠表達自己的情緒感受，這可能是一件好事，但有時候可能會讓人覺得難堪。
- 此人天生直覺力很強，可以感受一個人或場所的能量。或是有高度同理心、但是很難將所有感受化成語言的人。有時候他們會因此變得焦慮或悲傷。假如能夠學習將他們的共感能量與喉輪連結，對信任的人說出自己心裡的話，就有機會得到療癒，因爲這些人很多都是從小就被大人訓斥，說他們的感覺是錯誤的。

- 一個情感不成熟的人，或是一個缺乏自我了解的人。

如果聖杯侍者/共感人這張牌出現在代表結果、行動或是下一步的陣位，那麼建議你可以採取以下行動，善加運用這個原型的力量：

- **問自己**——不管我到哪裡，都會變成那個地方的情緒氣壓計嗎？比方說，假如我心情不好，別人會感受得到，然後跟著我一起情緒變差嗎？
- 學習去關心別人的情緒。對那些無法自然而然表達情緒的人，這樣做會幫你開啓許多了解的大門。
- 面對障礙或採取行動時，第一步要先有愛和憐憫心，之後才是盡你所能展現熱情。在這人世間，永遠不會嫌愛太多。
- **功課**——我的心臟會怎麼做呢？心臟就是我們的情緒在物理世界的實體化。跟你的心在一起，然後連結你內在的那位共感人。

權杖國王

The King of Wands

關鍵字

- 衝動魯莽
- 勇敢大膽
- 鍥而不捨、努力奮發
- 具有遠見卓識
- 具有挑戰性
- 忠心忠誠
- 頑固
- 搗亂分子

星座——獅子座

權杖國王掌管占星第五宮，這是一個跟娛樂、興趣嗜好、戀愛、生育、創造力以及小孩等主題有關的宮位。

▶三相女神塔羅和日常女巫塔羅

原型——企業家

企業家原型的人（The Entrepreneur）會主動創造他們想要過的生活，而且不太會去在乎那些跟他們想法不一樣，或是不了解他們理想的人。假如你公開質疑他，他們其實不太會理睬你，他們只會更加專注於自己想做的事並努力取得成功。他們勇於不斷嘗試，即使過去曾在事業上失敗過，他們也絕不會只因爲需要一份工作而在工作上苟且偷安。對他們來說，生命並不是擁有一份安穩的工作、日復一日做相同的事，直到命終；生命是走出自己的路。

人們很喜歡跟這個原型的人在一起，因爲他們很具感染力，很多人崇拜他們的生活態度。人們總是遠遠就能感受到他充沛的能量，而且只要靠近他，精神就會受到鼓舞。權杖國王總是精力旺盛而且振奮人心。只要待在他身邊，你就會感到很舒服、很溫暖，覺得有勇氣去迎戰這個世界，因爲他們時時刻刻都像太陽般散發著光芒。

權杖國王對人和市場的需要有過人的直覺，而且通常會被那些喜歡一成不變的人視爲不遵循傳統。如果你想要汙衊這個原型的人，你只要說他們是個「凡夫俗子」就可以了（不信你試試，我看你敢不敢）。在生意上，他們也會樂於爲自己的失敗負起責任，只要他們能夠從成功的案子上獲利。大多數時候他們都願意去冒險，而且認爲非常值得，他們喜歡行走在那條介於光彩輝煌與瘋狂之間的微妙細線上。

◈在情愛關係中

權杖國王/企業家需要跟調皮愛玩的人，還有他們認爲跟他們自己一樣有魅力的人在一起。他們是那種很在意外表的人，所以，如果你現在的交往對象是權杖國王，最好也能跟他們一樣。他們想要成爲被人們投以嫉妒眼光的「那種」情侶，就算事實上關起門來之後並非那樣。

權杖國王是一個調情高手。幾乎可以說，他們天生自然就是這樣，而且也用這種方式在跟人溝通交往。他們很需要別人的關注。只要能夠得到就好，無論是好是壞，他們其實不會眞的在乎。他們會很敏感周遭人對他們外表的看法，而且知道自己的臉要擺哪個角度才會最好看。權杖國王如果感覺有哪個地方不周全，他們的自我通常會失控。他們身邊永遠必須圍繞著一群人，而且他們絕對是那個發號施令以及領導談話內容的人。

屬於這個塔羅原型的人，都會希望他們的對象能夠在事業上完全支持他們，因此只要有生意上的電話響起，他們可能會馬上把自己的伴侶和家人丟著不管，或是忘記家人的生日和假期。他們經常會爲自己的這種行爲辯解，認爲這是爲了讓家人能過好日子，即使他們的伴侶對於理想生活的看法跟他們不一樣。假如你的對象是屬於這個原型的人，那麼你就得清楚知道是否能接受這些事。你或許有辦法穿著華美服飾環遊世界各個風景名勝，但是在伴侶心目中你可能不是最重要的，你可能得自己去面對很多事情。

權杖國王天生很喜歡小孩，而且也會渴望有自己的孩子（如果他們沒有小孩，會覺得很遺憾沒能把自己那麼帥的基因傳下去……開玩笑的啦）。權杖國王的困難在於，他們也想要獨立。他們的內心永遠在爲這件事情交戰。他們是非常重視家庭生活的人，但必須有一個健康的出口來滿足他們的娛樂和創造力需求。對這個原型的人施加控制，希望他們凡事照世俗規矩來走，反而會適得其反，讓他們想要逃走。

◈在工作職場上

企業家原型的人不是「想要」成爲老闆，他們是「需要」成爲老闆。如果他們現在不是擔任領導者角色，那很快他們就會是嘍。在辦公室裡面，如果他們表明不喜歡既定的規則，或是認爲自己知道得更多，那表示火爆場面要發生了。他們需要創作的自由，想要有巨大改變。他們是心中有遠大謀略的人。如果他們位居領導角色，請好好跟在他們身後就好，絕對不要擋在他們面前，趕快滾開。

小時候的權杖國王，一定是那個每年都會賣出最多義賣餅乾的人，要不然就是在週末自己搭建一個洗車場做洗車生意。這個原型的人，從小到大都是個生意咖，他們最愛的一件事，除了當老闆，還是當老闆。

這個原型的人，知道如何在現有市場下創造最大收益，然後迅速轉換到另一個錢潮跑道，他們鼻子很靈，總是知道下一棵搖錢樹會在哪裡。他們也是天生做生意的料子，會同時開設多家公司，然後再將它們大筆出售，只是爲了在不同領域重複做相同的事。

◈權杖國王／企業家原型的指標

- 你會去挑戰效率不彰的權威人物，不會去揣摩上意
- 從小就是個生意咖
- 能夠幫助別人發揮全部的潛力
- 不會過度在意別人怎麼看你
- 願意爲潛在的巨大利益冒險
- 領導潮流和商業市場
- 總是在新公司工作或是擁有自己的事業

◈權杖國王的優勢

- 對於需要做的事竭力去做
- 擁有高超的職業道德
- 胸中有大謀略
- 能夠接受變化
- 具有鼓舞人心的力量
- 人緣很好，而且經常是一位慈善家

權杖國王的陰暗面

- 自我可能會失控
- 會讓自己或關係綳得太緊
- 頻繁改變而且理由牽強
- 借事業之名對人殘酷無情
- 很會利用人，或是只在意別人對他們有沒有用處
- 看重金錢和物質

權杖國王原型的解牌要訣

即使是經驗老到的塔羅好手，有時也很難確認一張宮廷牌到底是代表問卜者自己的其他性格面向、或是代表另一個人。占卜當中出現權杖國王，你可以用這些行爲來作爲辨識標準：

- 此人很自然就能夠激勵身邊的人，帶給他們鼓舞的力量。能夠幫助別人點燃他們自己內心的熱情，使他們去從事眞正符合自己生命價值與世界觀的事情。

- 此人在你生活各個領域都是一個開創者，而且不怕一個人踽踽獨行，是一個能夠走出自己道路的開拓者。
- 從行動可看出他們對於社會和世界的關心，經常參與人道主義相關的工作。

如果權杖國王這張牌出現在代表結果、行動或是下一步的陣位，那麼建議你可以採取以下行動，善加運用這個原型的力量：

- **問自己**——我能夠有更大的謀略和更開闊的作爲嗎？國王的能力就是把人聚集在一起，然後幹一番大事，做出巨大改變。
- 做一個讓人願意跟隨的領導者，無論是在艱難的情勢中冷靜以對，或是不害怕與人分享你的知識、增加對方的實力。這位國王天生擁有一種能力，能夠凝結相同的信念（無論是否跟宗教有關），將人們團結起來。
- 爲自己的信念挺身而出，無懼於展現眞實的自己。
- **功課**——如果是亞瑟王，他會怎麼做？試著去研究這個原型的角色或流行文化代表人物，來尋找更深的答案以及讓事情往前推進的選項。

權杖王后

The Queen of Wands

關鍵字

- 吸引力
- 權勢力量強大
- 具有影響力
- 優雅高尚
- 性感
- 對人關切保護
- 充滿激情
- 被授與權力資格

星座——牡羊座

權杖王后是主掌占星第一宮的女士，這是跟自我認同、身體外貌、自我表達、性格以及自我發現有關的宮位。

▶壞女孩塔羅和蒸氣龐克塔羅

原型——表演者

表演者原型的人（The Performer）會覺得自己隨時隨地都站在舞台上，他們是耀眼的明星。他們是男演員、女演員、音樂家、藝術家。他們是宴會中的核心人物，天生就具有群眾魅力。權杖王后進到任何房間，所有的人都會轉頭看她。他們無論到哪裡，可能都是最受歡迎的人，而且經常會看到他們出現在社交名流新聞版面，跟誰吃吃喝喝。他們很清楚自己是誰，而且對於自己的角色悠然自在。他們身上總是散發著明星的氣息。表演者很在意自己的社會地位、外貌以及社交禮節。他們必須努力維護自己的顏面聲譽，力保自己的招牌名聲永久不墜，就算長遠來說這樣做有損健康、或未必眞的覺得快樂。

他們是天生的變色龍，你很難第一眼看穿這個人的眞實面目，因爲他們擅長表演，臉上總是戴著面具。他們也會用這個面具來保護自己或是操縱別人。跟其他宮廷牌原型比起來，表演者原型更需要同儕或大眾的認可。無論是陌生人或是他們愛的人，他們都渴望得到對方的仰慕和喜愛。

權杖王后／表演者是非常有創意、表達力很強的人，他們會透過不斷融入別人的角色和演出各式各樣的情境場合，來認識自己和體驗人生。如果你期待這個原型的人來贊同你的想法或行動，你必須知道，他們是那種需要自己身歷其境、眞的被深深打動，才會跟你站在同一邊的人。

權杖王后是很有競爭精神的人，他們願意接受來到眼前的任何挑戰。當生命遇到困難，他們是那種會捲起袖子說「放馬過來吧！」的那種人。如果你跟這位女王說他們做不到什麼事，他們會對你比中指，然後說「看我的！」其中一部分或許是虛張聲勢、逞能逞強，另一部分則是因爲，他們一直都得非常努力才能保有現在的位置，因此他們無懼於追求任何他們認爲值得花精力追求的事。

◈在情愛關係中

權杖王后似乎眼光很高、不易追求，而且總是會有一堆追求者蟄伏在側，隨時等待時機贏得他們的芳心。他們知道自己是眾人追求的對象，很善於吊人胃口。人們都很想成爲像他們一樣的人，或是跟他們在一起。他們認爲自己很有性魅力，在性上面擁有極高的自主權，而且經常利用他們的誘惑力去得到他們想要的東西。也因爲這樣，權杖王后在情愛關係中很容易吸引到錯誤的人，因爲人們看到的是她的表面形象，而不是眞正的她。

表演者原型的人會懷恨在心很長一段時間，而且會永遠記住對方說過的話或做過的事。如果你想要跟他們爭辯到贏，那包准你會累死。他們確實很能夠享受沒有伴侶在身邊的時光，而且需要他們的另一半給他們一些空間，讓他們可以成爲單獨一個人，以及被視爲一個獨立的個體，而不是誰誰誰的另一半。如果你的戀愛對象是權杖王后，而他們想要在週末跟他們最好的朋友出去玩，我建議你最好答應。如果你拒絕，他們一定會另找出口宣洩，那時你就沒那麼好過了。你應該感到榮幸，他們至少一開始都還想到要問問你。

眞實無僞在這張宮廷牌、這位原型人物的情感關係裡是一項很大的挑戰，因爲他們在意他們的關係在外人眼中的看法，勝過這段關係的眞實狀態。他們會努力維持表面形象。如果想要維持一段健康持久的關係，那必須是這位王后自己願意有一些付出。想要在一段關係當中去改變表演者，那是行不通的。他們心中有自己認爲最重要的東西，通常就是成爲出名人物和受人愛戴，而且會透過他們的行動來展露自己。假如你無法接受他們就是這樣的人、會做這樣的事，那你最好不要招惹他們。

◈在工作職場上

權杖王后會受到那些可以給他們所需要的地位和關注的人吸引，而跟他們一起工作。他們渴望擁有影響力、讚美，以及金錢。他們可以用自己的影響力來創造大眾利益，也可以純粹爲一己私利，端視他們擁有什麼樣的價值觀而定。他們是非常精明的生意人，能夠藉由團結和熱情，帶領他們的工作團隊或事業邁向成功。

在團隊當中，權杖王后更關心的是公司每一個人的文化適應和社交生活，更甚於他們的實際工作。他們希望讓工作夥伴開心而且知道公司會給予員工優渥的福利。這個宮廷牌原型的人通常會帶領員工在公司籌辦各式社團和募款活動。

由於他們是表演者，需要被看見、被聽見，因此任何工作只要是能夠讓他們站在人群第一線，得到所有人的注目，都會非常吸引他們。所以，他們要不是從事藝術工作，就是建立他們自己的事業王國。

權杖王后／表演者原型的指標

- 似乎不需要怎麼努力就非常受人歡迎
- 唱卡啦ＯＫ時很難放下麥克風
- 能夠跟各行各業的人輕鬆對話
- 喜歡受人注目，而且需要跟人一起工作
- 很在意外界對你的批評和看法
- 你的生活經常非常忙碌、戲劇化，而且圍繞著一大堆人

權杖王后的優勢

- 溫暖四射
- 能夠藉由自己的巨大影響力來促發改變

- 能夠將人聚集起來
- 能夠鼓舞人們，讓人願意來到他身邊
- 擅長與人連結和溝通
- 很會說故事的人

◈ 權杖王后的陰暗面

- 非常自戀
- 強迫症
- 情緒表現很誇張
- 可能有焦慮症狀和其他類型的身體壓力病症
- 防衛心很強

◈ 權杖王后原型的解牌要訣

即使是經驗老到的塔羅好手，有時也很難確認一張宮廷牌到底是代表問卜者自己的其他性格面向、或是代表另一個人。占卜當中出現權杖王后，你可以用這些行爲來作爲辨識標準：

- 此人能夠運用自己的影響力來從事符合自己信念的事業。
- **動機**——出於眞心的行動，讓他們光芒閃耀。
- 此人不害怕眾人的目光。這可能是好事、也可能是壞事。一個不害怕受人注目的人，如果把它用在正向的一面，就不會去貶低別人，或者試圖盜取別人的光芒。如果一個人汲汲營營想要獲取人們的關注，很可能他的內心有什麼需要沒有被滿足。
- 一個用愛情來逃避自己的人，或是把自己和自己的生活劃分成很多小塊的人，這樣的人寧願逃進別人的世界，也不願意面對自己的眞實生命。

如果權杖王后這張牌出現在代表結果、行動，或是下一步的陣位，那麼建議你可以採取以下行動，善加運用這個原型的力量：

- **問自己**——是否可以找到一個更好的方式來表達我是誰，以及我需要什麼？做事情時要能保持彈性，去適應環境條件。固執僵化是行不通的。
- 有時候你就是必須戴上面具、保持笑容，無論是爲了能讓自己在工作上得到晉升，或者面對制定政策法律的人。你可能會覺得害怕或是不舒服，但請連結你內在的那位表演天才，不要讓人看到你汗流浹背。

- 給自己一個藝名，允許自己自由表達你的需要。即使是碧昂絲或女神卡卡這樣的巨星，她們的個性也有很多面。這就是我們需要化妝舞會或萬聖節，有時候我們也要讓內在那個禁忌的自我出來見人。
- **功課**——如果是《彗星美人》裡的馬戈．錢寧或是《一個巨星的誕生》裡的艾莉，她們會怎麼做？試著去研究這個原型的角色或流行文化代表人物，來尋找更深的答案以及讓事情往前推進的選項。

權杖騎士

The Knight of Wands

關鍵字

- 變化
- 精神的朝聖
- 宗教和靈性成長活動
- 冒險
- 勇氣
- 主動
- 旅行
- 信念

星座——射手座

權杖騎士掌管占星第九宮，這是跟旅行、倫理、律法、哲學、道德以及高階教育有關的宮位。

▶慕夏塔羅和日常女巫塔羅

原型——冒險家

冒險家原型的人（The Adventurer）總是在移動，計畫著下次要去哪一個充滿異國風情的工作地點和遊玩地方。他們不是那種會乖乖待在度假村或休閒室裡的人，絕對不行，那太無聊了，這樣就沒機會去在地人才知道的餐廳挖寶！他們的任務就是淋漓盡致地體驗人生，盡可能以眞心去跟各式各樣的人交往、去造訪各種不同的地方。他們喜歡主動出擊，而且感覺像是終其一生都在追問自己是誰。就我個人和權杖騎士相處的經驗，他們會跟對方做愛、四處遊歷，然後當對方開始要求承諾，他們就溜了。

這種人無法靜靜待在一個地方不動，而且一生住過非常多地方。權杖騎士會很想儘快離開自己從小長大的家，而且可能會搬到另一個國家，永遠不想再回到自己家鄉。冒險家原型的人因爲經常四處遊歷，所以身上通常不會帶著太多實體的東西；對他們來說記憶已經夠多夠重了。如果一樣東西無法帶著走，他們絕不會出錢把它買下來。但可以確定的是，你一定會看到他們的社交媒體 Instagram 上滿滿都是讓人嫉妒眼紅的畫面。

冒險家原型的人經常會被精神或宗教議題吸引，而走上靈修之路。他們追求終極的合一境界，而宗教靈修就是他們體驗這件事的其中一種方法。加入教會、女巫團、成長團體、靈修團體可以滿足他們對於新鮮事物的需求，當然也可以不斷認識新朋友。

權杖騎士認爲全世界沒有人是他的對手。他們毫無牽掛、來去自如，從來不會因爲變化而停下腳步。因爲這些特質，再加上他們在異地旅遊和瘋狂的冒險經驗，讓他們顯得相當有魅力。人們會很自然被他吸引。有時候他們是那種什麼都說好的人，而且適應性非常強，甚至有點像是社交的變色龍。他們的朋友似乎多到數不清，但眞正親近的卻沒幾個。畢竟他們經常在移動，不利於跟人建立長久的關係。

◈ 在情愛關係中

權杖騎士火花四射光芒閃耀，但是不持久。他們是煙火和短暫的夏日戀情，或你在度假時偶然遇見的露水姻緣。他們會去尋找那種想要追求刺激、只想要玩玩的人。畢竟他們就是派對列車的主導人，他們的對象也必須要能完全配合，順其改變。

身爲不折不扣的冒險家，他們始終認爲愛情不過就是一次刺激的冒險。他們會想盡辦法去征服這個情人內心的慾望，發現他們的祕境，就像在攀爬一座高山。一旦成功攻頂，他們根本不會想要在山上久待，因爲他們知道，還有另一座更高的山等著他們去征服。

權杖騎士是個不會拒絕人們要求的人，因此常常把自己搞得精疲力盡，根本沒力氣理自己的伴侶。他們可以躺在你身旁，卻像是遠在天邊。假如他們沒有去做一些自我成長的功課，他們的感情通常會遇到很大的困難。悶著頭一直往前衝，結果要不是失戀心碎，就是一廂情願，等到清醒過來才發現是一場災難。

◈在工作職場上

權杖騎士不會是那種會乖乖去上個幾年大學，然後下半生都在辦公桌前度過的人。他們寧願睡在朋友家的沙發上，自己當老闆，也不願那樣做。權杖騎士希望他們的工作既自由又有彈性。假如他們感覺處處受制於人，得聽從別人告訴他們怎麼做，通常他們會選擇退出。他們討厭遵照別人的規則做事，也不喜歡每天做同樣的事情。因此，如果有一項工作需要到處旅行、內容多變，絕對很適合他們。

跟權杖騎士在一個團隊裡工作，可能會相當棘手。當他們氣勢強強滾的時候，工作效率眞的超高，沒什麼事情不能搞定，他們的超強適應力和迅速應變的能力，讓他們在許多專業領域中都能成爲佼佼者，但他們也會不斷尋求挑戰，永遠不會因爲滿足現狀而停下來。一旦他們精通一個角色，就會去找新的事情做，要不然就是一直讓自己放假。

任何帶有競爭性質的角色，對冒險家原型的人來說都非常具有吸引力，因爲他們除了競爭，別無所愛。如果有一項工作能夠讓他們一直不停地賺錢，他們很可能會一直做下去，因爲他們的目標永遠都在移動、前進。

◈ 權杖騎士／冒險家原型的指標

- 從小就對宗教、哲學、靈修有興趣
- 外在變化很少會對你造成負面影響
- 非常擅長解決問題
- 護照上蓋滿了一堆出入境章
- 很早就離開家裡，而且搬離家鄉
- 對人說你的奇異冒險故事是你的第二天性
- 很會談戀愛，但是沒準備好要安定下來

◈ 權杖騎士的優勢

- 適應力超級強
- 衝勁十足
- 是人與人之間的橋梁
- 思想開放而且具有包容性

- 體能很好

◈權杖騎士的陰暗面

- 無法清理自己的混亂情緒
- 自私自利
- 粗心大意
- 不成熟
- 定不下來、永遠感到不滿足

◈權杖騎士原型的解牌要訣

即使是經驗老到的塔羅好手，有時也很難確認一張宮廷牌到底是代表問卜者自己的其他性格面向、或是代表另一個人。占卜當中出現權杖騎士，你可以用這些行爲來作爲辨識標準：

- 此人經常在出差、旅行、出國工作，或是經常在旅途中。

- 可以觀察到，這種人一生中有過各種不同的靈修和宗教經驗。不斷在找尋他們內在那個更廣大的我，以及/或是追尋宇宙智慧。
- 天生的說故事好手，能夠跟人很親近，甚至比了解自己還透澈。他們經常也是啓發人們走上自己靈修旅程的媒介。

如果權杖騎士這張牌出現在代表結果、行動。或是下一步的陣位，那麼建議你可以採取以下行動，善加運用這個原型的力量：

- **問自己**——我眞的熱愛自己現在做的事情嗎？同時藉這個問題好好檢視一下，你是否能在世俗責任之餘，撥出時間和精力去做那些能讓你的心和靈魂感覺快樂的事。
- 現在就採取行動！爲自己做點事情。活在當下、擁抱它。如果你的下一步計畫是買機票出國旅行，更要這樣做！
- **功課**——如果是《法櫃奇兵》裡的印第安納．瓊斯，他會怎麼做？試著去研究這個原型的角色或流行文化代表人物，來尋找更深的答案以及讓事情往前推進的選項。

權杖侍者
The Page of Wands

關鍵字

- 搞笑愛鬧
- 很快樂
- 充滿好奇心
- 衝動
- 不理性
- 厚臉皮
- 調皮愛玩

星座

權杖侍者沒有固定指派的星座，他可以是任何一個火象星座：獅子、牡羊、射手。權杖侍者這些特質都有。

▶壞女孩塔羅和慕夏塔羅

原型——彼得潘

彼得潘（Peter Pan）是一個很難安靜下來的人。這個精力包一刻都不得停，他們很難乖乖坐著不動。他們身上好像有一個開關按鈕，一直都在開開關關。他們是精力充沛的人，可以同時間進行很多事。他們容易被有創意和精神方面的冒險事物吸引，而且對靈性成長和自我認識充滿熱情，但他們並不會眞的想要去實踐，因爲那意味著他們必須要改變和成長。

他們一直在追尋某些東西。身爲彼得潘，由於他們才剛踏上自己的精神旅程，因此這位侍者經常只看自己的身外世界，而不看自己的內在。他們自信又自負，但缺乏經驗或知識來作爲自信的後盾。不妨想像一下，一個剛剛展開自己靈修旅程的學徒會是怎樣的狀態，權杖侍者大概就是那樣。他們初出茅廬，什麼工具都想買，什麼書都想讀，而且到處跟人爭辯、討論，但所知卻很有限，根本不堪一擊。

權杖侍者是一個整天都很快樂、笑嘻嘻的人。你沒辦法讓這個全身充滿熱力的人一直處在低潮；他們很快會彈起來，繼續往前走。他們也會有戲劇化的情緒、殘忍無情，而且很膚淺。他們的小名就叫做「戲咖」，當然這可以很正向，也可能有毒。他們渴望得到眾人的注目，就像一道火焰需要氧氣來維持，如果他們沒有受到重視和認同，可能會帶來極大的破壞。

某些事情只要變得很嚴肅、不再有趣，他們就會馬上退出、不玩了。只要他們不開心，就會開始分神、走鐘。一段時間之後，人們也會對他感到厭煩，因此，彼得潘原型的人可能很難跟人建立深層的關係，因爲他們很容易爲一些事情感到焦慮、分心，而且不喜歡爲自己的生活和行動負起責任。他們總是爲自己辯解，而且早就找好藉口和替死鬼來讓自己全身而退。

◎在情愛關係中

彼得潘原型者的父母親一定是那種一天到晚忙不停的人，要不然就是一直要幫他們家那隻頑皮猴子清理善後。他們必須用大量各式體能活動來消耗掉這些小孩的精力，自己才能擁有片刻安靜。如果能把精力用在健康的地方，這些孩子以後都會在舞蹈、戲劇、運動方面擁有傑出成就。奉勸這些爲人父母者多關心你們家的彼得潘小孩，因爲他們很容易憑藉自己的魅力在同儕群體中成爲領頭人，如果在他成長過程沒有被正確教導要尊重理解別的小孩，他們可能會變成惡霸或是幫派集團的首領。

權杖侍者原型如果是成年人，會是一個非常熱情的戀人和伴侶。很直率、什麼話都不會藏在心裡，而且喜歡爭辯。對他們來說，如果兩人關係當中沒有火花、咆哮以及熱情搭配性愛，那根本不叫愛情。在他們能夠擺脫對於戲劇化情感的需求之前，少不了要經歷幾番愛情的磨練。他們會很快愛上一個人，但也會很快失戀。他們的性情通常算是非常健康的。

◈ 在工作職場上

彼得潘原型的人無論在什麼領域當學徒，都被那個領域的知識和榮譽深深吸引，但實際上去做才發現非常辛苦。權杖侍者對很多工作有很高的熱情，但最後眞正完成的卻沒幾樣。出點子永遠都比實際去執行還要在行。不過，他們倒是滿擅長叫別人幫他們做事的。

他們對於工作也是相當積極主動的，如果做得不順利，他們絕對不會開心。相信我，如果他們不開心，你一定會知道。因爲他們從來不會隱瞞自己的看法。如果他們決定靠自己的力量去做事情，絕對是解決問題的能手。他們也可能很容易有出言冒失的毛病，盛怒之下說出的話，常常讓他們惹上麻煩。

彼得潘原型的人會經常換工作，而且可能會被那些快速致富的工作吸引。他們很容易從身邊認識的人身上挖錢來進行投資，而且一定找得到另一個人，可以讓他用下一個偉大點子把他的資產敗光。

◈ 權杖侍者/彼得潘原型的指標

- 從小就很外向，能夠自在跟人相處
- 人們很容易被你吸引

- 是班級或公司裡面的小丑人物
- 交往的對象通常年紀比較小，而且會跟不同的對象生小孩
- 在金錢和穩定生活上有很大的問題，因爲你從來不會堅持一樣東西太久
- 喜歡嚼舌根、劇情誇張的八卦
- 喜歡追求眾人目光

◈ 權杖侍者的優勢

- 對生活各方面都很樂觀
- 趕得上科技和文化的變遷潮流
- 天生具有讓人破涕爲笑的能力
- 能夠看見生命的神奇魔法和歡樂面
- 不是在冒險的路上，就是在跟你說他的冒險故事

◈權杖侍者的陰暗面

- 不願意爲自己的生命負責
- 遲遲不肯承認自己的錯誤
- 做決定時很草率
- 會因爲錯誤的理由把人惹怒
- 一遇到困難就逃跑

◈權杖侍者原型的解牌要訣

即使是經驗老到的塔羅好手，有時也很難確認一張宮廷牌到底是代表問卜者自己的其他性格面向、或是代表另一個人。占卜當中出現權杖侍者，你可以用這些行爲來作爲辨識標準：

- 一個不想長大的人。
- 脾氣很差、愛跟人吵架，爲爭執而爭執。
- 表達力十足。無論用什麼方式表現，一定都是精力充沛、充滿能量。

如果權杖侍者這張牌出現在代表結果、行動，或是下一步的陣位，那麼建議你可以採取以下行動，善加運用這個原型的力量：

- **問自己**——我能夠跳出原有的思維嗎？我需要每次都讓事情變得誇張戲劇化嗎？雖然這個原型的人具有不成熟的傾向，但他們是很擅長橫向思維的。因此我強烈建議，這個原型的人不要把精力花在情緒上，而要放在更有創意的事情上。
- 當你認爲相信事情比知道事實更重要，當你能夠讓你的想像力帶你去任何地方、成爲任何東西，試著用你內在孩童充滿神奇魔法和歡樂的眼光來看世界。
- **功課**——如果是小飛俠彼得潘，他會怎麼做？試著去研究這個原型的角色或流行文化代表人物，來尋找更深的答案以及讓事情往前推進的選項。

錢幣國王

The King of Pentacles

關鍵字

- 位高權重
- 富有
- 務實
- 慷慨大方
- 物質主義
- 守紀律
- 值得信靠

星座——金牛座

錢幣國王掌管占星第二宮，這是跟價值觀、倫理道德、自我價值以及個人財產有關的宮位。

▶壞女孩塔羅和蒸氣龐克塔羅

原型——總經理

總經理原型的人（The Manager）對自己很有自信、而且很需要人家尊重。通常是因爲他們位高權重或是很有錢（或兩者皆是），但這種要求人家尊重的內在需求，很可能會被用錯地方或是變得不太合理。他們理所當然認爲每一個人重視的事情都跟他們一樣，而且甚至覺得他們理所當然擁有某些權利。他們每進到一個房間，都像那個房間就是他們的，也因爲這樣的個性，他們擁有整棟建築房產的可能性也比別人高。

錢幣國王很清楚該把自己的時間、金錢，以及精力投資在什麼地方。他們對人、對事態有一種不可思議的本能直覺，他們所提出的建議通常很少出錯，尤其關於金融財務的獲利或損失方面。他們知道該用什麼方法來達成自己的目標，而且天生人脈很廣，因爲人們都很想認識這個人。他們天生就是行動派的人，但不會帶著理想主義來看待自己的角色，他們想要的是實際上的成果。

塔羅宮廷牌中最討厭浪費時間的人，應該就是錢幣國王了。時間就是金錢啊。所以當你有事去找他們，一定要直截了當講重點，而且要懂得阿諛奉承，否則你一定什麼事都辦不成。錢幣國王說話也很慎重，他們知道，沉默和傾聽比說出事實顯得更有力量。

雖然總經理原型的人會像一根鐵鎚那樣下手毫不留情，但他們也有溫暖的一面，而且對於選擇跟他同陣營的人非常愛護照顧。錢幣國王沒什麼幽默感，他的笑點都跟人家不太一樣。當他覺得身邊有誰值得他去做一些事，他們也會很大方出錢出力幫助對方取得成就。

在情愛關係中

錢幣國王是一直在付出的人。只要他們所愛的人需要什麼東西，甚至只是說出想要什麼，他們一定爲對方竭力辦到。他們完全不畏懼去追求自己想要的。總經理原型的人常常會把身邊的人寵壞。他們表現愛的方式通常是透過有形物質。送禮物給對方、帶對方去旅行、寵愛對方，人類最想要擁有的一切，他們都會毫不猶豫地付出給他們所愛的人。

總經理原型的外表看起來似乎有點冷漠無情、無動於衷，特別是對外人，他們很少表露自己眞正的感受。他們的感情關係通常都是建立在合理、實際可行的考量上，所以他們喜歡腳踏實地的人。他們是講求務實的溝通者，說話不會包著糖衣，因此聽起來有點直接、刺耳，但其實他們不是有心的。他們只是想要直截了當講重點。如果你不小心惹到這頭公牛，一定會付出慘痛代價，最好是趕快閃遠一點，不要低估他們的身手力量。他們在情感關係中會盡可能避免直接衝突或是改變，如果這段關係還滿順利，讓他們感覺舒服的話。

錢幣國王也代表一個為金錢、政治因素或是被安排好而結婚的人。總是要能得到一些好處才結婚，不是嗎？

◈在工作職場上

錢幣國王通常都是有錢人。他們在商場上是有頭有臉的人物，名片抬頭通常寫著「總經理」。他們有私人飛機、身上穿名牌服飾、手上戴昂貴名錶。他們跟「企業家」不一樣，「總經理」很樂意在一家已經創立的大公司爲別人工作。他們會遵從公司所有規定，依循前人的成功腳步往上爬，而且會爲自己的成功願景做出詳細盤算。

錢幣國王會考量他們在事業和生意上的各種決策底線。他們會追蹤和觀察這份工作的趨勢現況，然後在關鍵績效指標和目標上超出預期表現。他們希望自己的生涯道路是清晰、沒有阻礙的，也期望在工作上得到晉升、讚賞以及實際報償。他們經常會在頭腦裡想像，在他們職業生涯的最後階段，自己可以坐上大位，擁有一大堆錢、管理一大群人，或是兩者皆有更好。

無論在商場上或私人生活中，這個原型的人都會想要佔有主導地位。他們始終抱持著必贏的心態，絕對不是那種目標搖擺不定的人。當然，這張牌也代表眞實生活中這個人就是國王或貴族。

◈ 錢幣國王／總經理原型的指標

- 天生很會存錢
- 很有本領，知道如何得到自己需要的東西
- 喜歡昂貴奢華品
- 對於大型工作計畫很有一套，可同時執行很多工作
- 要求質重於量
- 非常出色的管理人才
- 對自己和他人都抱持很高的期待
- 一旦做出決定，前進的路就不會改變

◈ 錢幣國王的優勢

- 付出遠遠超出對方實際需求
- 能表露愛和感激

- 擅長管理資源和金錢財物
- 能夠做出有根據而且聰明的決策
- 擅長長途比賽
- 擅長傾聽、能成爲別人的諮詢顧問
- 善於系統組織、條理分明

◈錢幣國王的陰暗面

- 貪婪
- 批判別人和自己
- 對於他們認爲沒價值的人很沒耐心
- 不太容易改變
- 壓抑情感和內心的愛
- 感覺永遠不滿足

◈錢幣國王原型的解牌要訣

即使是經驗老到的塔羅好手，有時也很難確認一張宮廷牌到底是代表問卜者自己的其他性格面向、或是代表另一個人。占卜當中出現錢幣國王，你可以用這些行爲來作爲辨識標準：

- 此人非常謹愼小心，在有確實把握之前不會輕易跳進去或是做決定。
- 有錢人，或是對自己的錢財財產相當大方的人，願意跟別人分享他們所擁有的東西，而且知道人和關係比金錢更重要。不過，他們也可能會冒著財務損失的風險來維持外表面子，或是爲了對方的錢而利用對方。
- 一個爲自己的事業或夢想付出一切的人。非常敬業、認眞打拚，而且通常有點工作狂。

如果錢幣國王這張牌出現在代表結果、行動或是下一步的陣位，那麼建議你可以採取以下行動，善加運用這個原型的力量：

- **問自己**——我對目前的生活和狀態是不是要負起責任？如果說有一個塔羅原型是完全不害怕負責任的，那就是這個錢幣國王。
- 列出所有的風險和盲點，只做確實可行的事。也就是說，只要做那些值得你投資的事情就好。

- **功課**——如果是電影《華爾街》（Wall Street）裡的哥頓．蓋柯（Gordon Gekko），他會怎麼做？試著去研究這個原型的角色或流行文化代表人物，來尋找更深的答案以及讓事情往前推進的選項。

錢幣王后

The Queen of Pentacles

關鍵字

- 關懷照顧
- 柔軟心
- 富有同情心
- 與人緊密連結
- 心胸開闊
- 豐盛富足
- 充滿愛心
- 高尚優雅

星座——摩羯座

錢幣王后主掌占星第十宮，這是跟社會地位與生涯事業有關的宮位。

▶蒸氣龐克塔羅和日常女巫塔羅

原型——療癒者

療癒者（The Healer）是所有塔羅宮廷人物當中最具有母性關懷之心的原型。他們最愛的事情就是關懷別人、幫助有需要的人。療癒者原型者只憑著做他們眞實的自己，就可以讓事情變好。因爲他們散發出的能量相當能夠安撫人心。他們知道該用什麼適切、眞誠的話語來跟對方說話，也知道做什麼事情能夠修補一顆破碎的心。

這個塔羅原型的人很喜歡給人安慰和溫暖，廣義來說，這表示他們家的門永遠都是敞開的，如果有需要，他們會把所有的鄰居都餵飽。他們家的冰箱永遠都塞滿了東西，水壺裡面永遠都裝滿了水，療癒者眞的很愛別人來找他們尋求安慰。

他們跟自己的社群有相當緊密的連結，這表示錢幣王后會很清楚每個人的工作事業，而且通常非常在意他們的社會地位。他們知道每一位朋友和親友家裡發生的一切大小事，也會想要去關切這些親友的生活近況。假如他們自己本身不夠正直、或是陷入陰暗面，他們也會毫不猶豫利用人們的弱點來對付，或是如果對方需要幫助，他們就會利用機會剝削對方。如果他們用療癒者的身分來追求社會地位，可能會對自己的能力過分誇大，變成大頭症。

在情愛關係中

錢幣王后可能有點傳統主義。他們喜歡一代一代傳承下來的家族傳統和慣例，特別是令他們記憶深刻的那些事物。他們是天生的照顧者，很有小孩子的緣。家庭對這個原型的人來說極爲重要，只要認定對方是自己人，幾乎沒有什麼事情是他們不會爲對方效勞的。

身邊有錢幣王后這種親友的人一定都知道，他們對每一個人都是敞開心、張開手臂的，因此，如果你希望從這個原型的人身上得到全心全意的關注，那是很困難的事。因爲他們關心很多人，他們受到很多人敬重，人們經常來尋求他們幫助，以致幾乎沒什麼時間和精力可以留給身邊親近的人。錢幣王后需要確保一件事，他們一方面能夠關心自己的親密伴侶和家人，同時又能照顧到那些需要他們付出的人。

錢幣王后如果沒有做一些自我成長的功課，很可能會變得對人過度保護、讓人喘不過氣，甚至有很強的嫉妒心。他們是感官型的人，很性感，而且能夠跟自己的身體完全同步，享受健康的性慾。他們知道，用性愛來療癒會帶來非常神奇的效果。

◈ 在工作職場上

療癒者原型很會善用他們的資源、心智頭腦以及身體來改善世界，無論是擔任醫生、護士的工作，或是爲慈善事業募款。他們需要去幫助別人，這似乎是天生自然的，人們經常會被他們的充沛精力所震撼。他們會不停地做事，除非他們站不起來，才會停下來。療癒者原型的雙手就是他們的最佳工具，從來不怕把手弄髒。他們不會想要在遠端發號施令，會親力親爲，去做出眞實的、持久的改變。

這位王后相當能夠跟人合力工作，而且喜歡跟人緊密連結，但是當工作壓力下來，他們就不會只在意人際互動，而會把精力全心全意放在工作上。這是因爲很多療癒者原型的人，在工作上做出的決策都攸關人們的生命。沒有一件事情會比全心照顧一個需要幫助的人更重要。

◈錢幣王后／療癒者原型的指標

- 總是在照顧人，包括家人和他的社交圈
- 喜歡給人溫暖和安慰
- 小時候玩扮家家酒和角色扮演時，總是選擇治療者的角色，比如醫生
- 希望別人能夠心情好一點
- 覺得自己除了當一個療癒者，人生似乎沒有其他工作可做
- 一直都必須實際去做治療的工作，或是看著某人成爲生還者
- 渴望給予別人他們自己沒有的東西

◈錢幣王后的優勢

- 從來不會拒絕需要幫助的人

- 心胸寬大
- 擁有超強的忍耐力
- 環境適應力很強
- 面對危機時應對出色
- 經常是其人際社群的核心人物
- 能夠看清事情的眞實面貌
- 謙卑

◈ 錢幣王后的陰暗面

- 可能會發展出上帝情結（自認爲跟上帝一樣無所不能）
- 讓人感到窒息
- 操縱他人
- 傲慢自大
- 犯錯時不願意承認
- 經常看不見自己需要被療癒的地方
- 需要被別人需要

◈錢幣王后原型的解牌要訣

即使是經驗老到的塔羅好手，有時也很難確認一張宮廷牌到底是代表問卜者自己的其他性格面向、或是代表另一個人。占卜當中出現錢幣王后，你可以用這些行爲來作爲辨識標準：

- 當朋友或愛人生病時會爲他們煮湯，或是泡茶安慰朋友的人。
- 跟土元素有很強的連結的人。他們喜歡園藝，很可能有自己的蔬菜和藥草花園，而且常常待在廚房。並不是因爲他們必須學會如何烹飪和用食物來療癒，他們單純就是喜歡做這件事。
- 實際上是一位母親，或者，在你的生活中或當前處境中，他的言行舉止都像是一位母親。

如果錢幣王后這張牌出現在代表結果、行動或是下一步的陣位，那麼建議你可以採取以下行動，善加運用這個原型的力量：

- **問自己**——在目前的狀況中，什麼是需要療癒/滋養關照的？
- 向你的社群和人際網路尋求協助，讓自己能夠踏出下一步。你是否不願意向別人求助?不僅要能夠付出，也要能夠接受。

- **功課**——如果是佛羅倫斯·南丁格爾，她會怎麼做?試著去研究這個原型的角色或流行文化代表人物，來尋找更深的答案以及讓事情往前推進的選項。

錢幣騎士

The Knight of Pentacles

關鍵字

- 忠誠
- 毅力
- 負責任
- 可信靠
- 保護他人
- 守紀律
- 受過鍛鍊

星座——處女座

錢幣騎士掌管占星第六宮，這是跟工作、同事、健康以及服務他人有關的宮位。

▶壞女孩塔羅和三相女神塔羅

原型——軍人

如果你需要有一個人來保護你，那麼這就是你占牌時會期待出現的塔羅原型人物。軍人（The Soldier）一生的任務就是爲人民福祉而服務。在他們心中，沒有一件事情比服務人群更有價值，爲此，他們願意奉獻此生。他們非常忠誠，當其他人選擇放棄時，他們會是那個依然堅持到底的人。

軍人會在人群中主動尋找強而有力的領導者來跟隨。他們所從事的行業，如果能夠符合天生想要保護人的渴望，那他們會更開心。他們認爲保護他人是職責，而且渴望得到同儕夥伴的接納。

錢幣騎士是一位具有長久耐力的騎士。他們能夠參與持久而艱苦的活動，這些地方是他們發光的戰場。大多數時候，錢幣騎士都相當冷靜、鎮定、專注，但他們依然帶有騎士的行動能量，只是在進入戰場之前，會比其他宮廷騎士有更長的猶豫時間。因此，這位軍人比其他三位騎士不容易惹上麻煩，而且當其他人紛紛退出戰場之後，你會看到他們依然繼續堅守在沙場上。

錢幣騎士是一位相當有耐心、善於分析的人，他們最喜歡的事情莫過於突然發現某件事情需要處理，然後會一直堅守在那裡，直到事情被解決爲止。他們喜歡凡事親力親爲，如果有什麼事情他們幫不上忙，會覺得自己很無能、沒有用。

◈在情愛關係中

只要錢幣騎士承諾跟一個人交往，他絕不會是那種半途放棄的人。當他們把心交給某人，而且願意跟對方共度未來，就一定會將它付諸實現。軍人原型的人會發現，他們很容易被那些需要他們浪漫救援的人吸引。他們也會毫不遲疑地告訴對方，應該如何改變自己的生命和問題，即使對方並沒有向他求援。

假如你正在跟這個原型的人交往，而且對他們的努力相當重視，那麼你應該可以跟對方維持長久關係。錢幣騎士對於自己的健康很重視，也希望他們的伴侶同樣能如此。

錢幣騎士會是一個眞正的完美主義者，不管對自己或對外人都是。他們通常對自己非常嚴格，老是覺得自己應該可以做得更好，有時候也會把這樣的心態投射在他們的伴侶身上。假如你的伴侶是錢幣騎士，最好期待他們的父母親不是那種對小孩非常嚴厲、支配欲很強的人，因爲那種制約一旦變成性格的一部分，會內化成一種批判的個性，你的感情之路就會很辛苦。

◈在工作職場上

這個原型也是屬於一種專門職業的人士。錢幣騎士希望能夠貢獻自己的影響力，讓自己有歸屬感。他們希望自己能夠被倚重，然後藉此得到一份牢靠的工作。他們對自己的雇主和工作團隊忠心耿耿，即使他們可以在別的地方找到薪水更高的工作。他們看重的是人，而不是錢。

錢幣騎士會竭盡所有精力和時間來完成他們的工作，但是因爲要求完美，所以你要能耐心等待。他們喜歡「修理」東西，所以請記得，這種人非常擅長解決問題和做規劃工作。他們喜歡依照慣例和結構來工作。在穩定的環境中，他們對公司同事都很熟悉，也知道公司對他們的期待是什麼，他們的生產力會大大提高。如果環境不是如此，他們的表現可能會變得很差，但只要知道自己需要做什麼，然後重新把工作團隊集結起來，他們就會做得很好。

軍人原型的人並不害怕承擔重責大任。他們知道只要自己全神貫注在每一步，一次把一件事情做好，把基礎打好打穩，最後一定會有很棒的結果。在團隊工作中，如果大家目標一致，這位騎士會有非常傑出的表現。他們會對自己的工作懷抱理想，因爲這是他們個性中非常重要的部分。因此你會發現，在武裝部隊裡，或是和人道主義事業有關的活動，一定都看得到錢幣騎士的身影。

◈錢幣騎士/軍人原型的指標

- 你會毫不猶豫爲那些受到霸凌的人挺身而出
- 相信人們值得保護、擁有和平
- 一旦獻身投入某件事情，絕對全力以赴
- 喜歡在一個團體或組織裡有歸屬感

- 依據規律和結構把事情做好
- 希望能夠對人作出更大的貢獻

◈錢幣騎士的優勢

- 使命必達
- 意志堅強
- 對自己在社會中的角色感到光榮
- 會保護他們所愛的人
- 當其他人都離開，他們會堅守到底
- 不輕言放棄
- 專注於正在做的事情

◈錢幣騎士的陰暗面

- 看不見當權者的過失
- 僵硬死板

- 要求完美
- 看法變得很極端
- 毫不質疑就跟從領導者
- 容易接受別人灌輸的觀念
- 在工作／原型之外很難找到自己的身分認同

◈錢幣騎士原型的解牌要訣

即使是經驗老到的塔羅好手，有時也很難確認一張宮廷牌到底是代表問卜者自己的其他性格面向、或是代表另一個人。占卜當中出現錢幣騎士，你可以用這些行爲來作爲辨識標準：

- 你認識的人當中最忠心耿耿的人，無論發生什麼事，一定會守在你身邊保護你。此人可能是你的兄弟姊妹、監護人或是情人。高度忠誠是他們最明顯的特徵之一。
- 此人手上永遠都有一張（或十張）計畫表，而且堅持依照時間表來做事。他們一個禮拜固定會有一天來處理各種事情，計畫菜單、規律健身，而且通常都會有支出預算。

- 此人會刻意選擇把時間花在被要求去做的事情之外的地方。他們經常會跟一群人集體行動，而且會確保沒有人被遺落在後。

如果錢幣騎士這張牌出現在代表結果、行動或是下一步的陣位，那麼建議你可以採取以下行動，善加運用這個原型的力量：

- **問自己**——我現在是準備成功還是準備失敗？檢視一下你的信念，它的結構、慣例以及基礎是什麼？如果你依照這些信念繼續走下去，它們會把你帶去哪裡？
- 下一步該怎麼走？停下來思考一下每一件該做的事情。把焦點放在你下一步該做的那件事情就好，確實去做好它。完成之後，再專注於下一件事。
- **功課**——如果是電影《搶救雷恩大兵》裡面的約翰．米勒上尉，他會怎麼做？試著去研究這個原型的角色或流行文化代表人物，來尋找更深的答案以及讓事情往前推進的選項。

錢幣侍者

The Page of Pentacles

關鍵字

- 安靜
- 仁慈厚道
- 細膩
- 動作很慢
- 溫柔
- 直覺力很強

星座

錢幣侍者沒有固定指派的星座，他可以是任何一個土象星座：摩羯、處女、金牛。

錢幣侍者就像孩子一樣，擁有無可限量的潛力。

▶日常女巫塔羅和壞女孩塔羅

原型——自然主義者

自然主義者原型（The Naturalist）的人擁有非常美麗的靈魂，比起跟人類在一起，他們更喜歡跟動物相處，而且很喜歡親近大自然。他們一輩子可能會一直把流浪動物或受傷動物帶回家，而且家裡一定會養寵物。他們跟動物經常有特別強的共感，能夠心有靈犀，如果有動物受傷或生病，他們也會跟著感到痛苦。

這個塔羅原型的人不需要透過語言就能了解事情，他們擁有天生的療癒能力，如果有什麼人或什麼事情需要照顧，他們都會知道。自然主義者是當一棵樹被砍、或是一隻動物受傷或生病，他們就會感到非常哀傷的人，即便那是電影情節也一樣。

錢幣侍者通常沉默寡言而且墨守成規。他們不管做什麼事情都動作很慢，每次都遲到，而且你怎麼催促他們出門都沒用，你沒辦法強迫他們做什麼、或不做什麼事。他們有自己的時間表，一切都按照自己的速度進行。他們相信，如果一件事情值得做，那一定就得花時間，匆促急就章只會把事情搞砸。假如能夠停止催促，放手讓他們去做，他們一定會提醒我們，生命本來就是一場體驗的過程，所以我們應該放慢腳步，慢慢來。

自然主義者當然了解大自然。那些需要時間穩定緩慢進行的事情，他們都完全可以接受。任何需要長時間關注投入精力的事情，他們都非常在行。

錢幣侍者也是運動神經非常發達的人。他們喜歡凡事親力親爲，從實際操作當中去學習。他們會經常爬到樹上、全身弄得髒兮兮，或是跟他們喜歡的動物玩。他們是非常簡單的人，心思單純而不是笨，而且他們解決問題的方法通常很簡單。他們只會告訴你下一步的解決方法，而不是全局，因爲他們認爲，你現在只要知道下一步該怎麼做就好。

◈ 在情愛關係中

這個原型的人很需要安全感和安心感。他們不太會去冒險。哪裡需要冒險呢？他們知道自己擁有什麼，也知道接下來會發生什麼事，那幹麼要去惹麻煩？他們會花很長的時間做決定，而且需要自己的空間來做這件事。如果你催促他們趕快決定、不給他們空間，他們反而會退縮不再往前。

他們家裡一定都有養「毛小孩」，而且會把動物當成家人對待。他們跟動物之間的關係，就像對待重要的人（比如家人或朋友）一樣認眞。

錢幣侍者是那種天生很容易操心擔憂的人，所以他們不太會去冒險。你很清楚知道你能從錢幣侍者身上得到什麼、可以對他們有什麼樣的期待。他們是非常忠誠的伴侶，但是可能會有點散漫懶惰，讓兩個人的關係停滯不前。他們可能會懶到變成沙發馬鈴薯，什麼事都不做，而且很容易在短時間就陷入這種壞習慣。

◈在工作職場上

錢幣侍者希望靠自己的雙手去做事，他們不是那種可以被成天關在家裡的人。在工作上，他們不太有興趣跟人社交、或是做私人接觸，所以，午餐八卦時間你絕對看不到他們的身影。

自然主義者原型的人會去關心和調整自己的工作，讓工作進行得很順利。他們需要慢慢來，透過親自參與來把工作完成。他們可能無法跟別人一樣那麼快把工作做完，但他們會把工作做得非常好，而且他們就是有本事可以讓一項工作計畫起死回生，或是讓一隻瀕臨死亡的動物重新活過來。

◈ 錢幣侍者／自然主義者原型的指標

- 你喜歡打赤腳，而且小時候很討厭穿鞋子
- 從小時候起天生就能夠跟動物心靈溝通，跟動物有很強的共感
- 你的朋友很少，比較喜歡單獨一個人，而不喜歡跟一大堆人在一起
- 對於沉默相當自在
- 喜歡從事自己動手的工作，尤其喜歡跟動物和大自然有關的
- 喜歡待在戶外
- 喜歡寵物／動物勝過喜歡人

◈ 錢幣侍者的優勢

- 非常貼心、對人很關心
- 很務實
- 開放
- 個性溫和
- 擅長非語言溝通
- 對動物很有一套

◈ 錢幣侍者的陰暗面

- 對於人際界線不是那麼清楚，很難站出來爲自己說話
- 沉浸在自己的世界
- 可能會把自己孤立起來，不跟親友接觸
- 覺得很難跟人溝通
- 很難跟人類交朋友、或是跟人維持長久友誼
- 能夠強烈感受動植物遭受的痛苦

◈錢幣侍者原型的解牌要訣

即使是經驗老到的塔羅好手，有時也很難確認一張宮廷牌到底是代表問卜者自己的其他性格面向、或是代表另一個人。占卜當中出現錢幣侍者，你可以用這些行爲來作爲辨識標準：

- 當其他人都圍坐在一起爭辯和討論怎麼解決一項問題時，此人早就開始動手了。
- 每次遇到很緊張的情況，此人一定會先主動去找寵物和動物，來幫助自己和身邊的人穩定情緒。
- 此人喜歡舒服自然、實穿的衣服和鞋子，或是，根本不喜歡穿鞋。

如果錢幣侍者這張牌出現在代表結果、行動或是下一步的陣位，那麼建議你可以採取以下行動，善加運用這個原型的力量：

- **問自己**——我對自己和別人誠實嗎？這個塔羅原型的人根本不會說謊，也幾乎不會犯錯。他們不喜歡用謊言把事情複雜化。
- 想想看，自己是否會把原本簡單的事情搞得太過複雜。試著尋找最單純的方法，或是儘管往前踏一步。很多時候事情就是這麼簡單。

- **功課**——如果是電影《森林戰士》（Epic）裡的泰拉女王（Queen Tara），她會怎麼做？試著去研究這個原型的角色或流行文化代表人物，來尋找更深的答案以及讓事情往前推進的選項。

寶劍國王
The King of Swords

關鍵字

- 傑出
- 聰明
- 精準
- 專注
- 專家
- 宏觀
- 天才
- 理性邏輯

星座——水瓶座

寶劍國王掌管占星第十一宮，這是跟事業、社群、朋友、群體以及非傳統思維有關的宮位。

▶蒸氣龐克塔羅和日常女巫塔羅

原型——科學家／專家

科學家原型（The Scientist）是一個具有前瞻性思維的人，他們希望讓世界變得更好，而且對於如何實踐這件事情相當有想法。他們引領時代、改變世界、把人類文明往前推進、發展新興技術。他們知道知識就是力量。他們非常要求邏輯，很難跟不理性的人相處。當你需要某項特殊專業的資訊或協助，去找他們準沒錯。他們可能都是各自專長領域的佼佼者，教育程度很高而且／或者相當具有天賦。

有些人可能不喜歡這個原型的人，認爲他們都是些瘋狂古怪的教授，特別是那些跟他們頻率不合、或是知識水準不同的人。寶劍國王經常會被人誤解，而且似乎跟人格格不入，但事實上他們並不是那麼在意那部分，因爲他們根本就很少去注意那些事。在別人眼中，他們看起來似乎有點激進，特別是那些不喜歡改變的人，對他更是討厭。

科學家原型是理想主義的領導者，他們擁有自己的人生座右銘、有遠見，還有自己效法的榜樣。他們會讓自己儘量去符合這個標準，因此也變得很難討好。他們會相當強勢、敢說敢言，尤其面對一些不公不義的事情時。他們會毫不猶豫站出來捍衛他們的理想，而且相信秩序與和平。

科學家原型不僅僅是有遠大理想的人，他們更是具有最最遠大理想的人。他們建立和重新構想組織機構及文化思維。伽利略、馬丁·路德·金恩、美國科學教育家比爾·奈（Bill Nye）、法國物理學家瑪麗·居禮、英國政治家艾米琳·潘克斯特（Emmeline Pankhurst）、南非企業家伊隆·馬斯克（Elon Musk），都是此原型的代表人物。

◈在情愛關係中

如果你叫寶劍國王不要去管他們正在解決的問題，他們的腦子還是會繼續轉個不停。他們可能看起來相當超然冷漠，這種缺乏參與感的態度會讓人感到不快。假如你跟寶劍國王談戀愛，可能會好幾天見不到他們人影，因爲他們會把自己關起來去做他們的偉大事業，或是發明一些新東西。這個原型者的伴侶，可能必須能夠跟其他人分享愛，因爲科學家對他們的工作、對他們所關心的人都同樣熱愛。他們認爲，展現自己的愛的最佳方式就是讓世界變得更好，透過服務來造福他們關心的人。

寶劍國王非常有野心，他們的伴侶必須是一個願意跟在他身後、跟他有相同生命願景的人。他們容易被聰明的人吸引。他們會是相當理性的伴侶，只要你符合邏輯，當然這裡說的邏輯是指他們的邏輯。這也反映出他們對於自己有很高的期待，但這樣的人其實並不好相處。他們很愛跟人辯論，而且寧願自己的下半輩子是跟他們最好的朋友一起度過，勝過跟其他人。

◈ 在工作職場上

任何可以讓世界變得更好的事情，都對寶劍國王很有吸引力。他們需要讓自己的工作職位能夠發揮影響力，因此很快就能爬到領導階層。他們常常都能夠成爲各自行業的頂尖專家，而且擁有相當多的知識可以讓人諮詢。

他們對工作相當專注，經常工作一忙起來就會忘記吃飯、睡覺、洗澡。這位國王很樂意爲自己的理想和工作奉獻生命，如果他們本身個性踏實、又有自覺，絕對不會藏私，而是把自己所知的一切傳授給別人，因爲他們深信有更多更聰明的人，對世界是好事。假如他們缺乏自知之明，可能會變成離群索居，除了工作之外，其他生活全部一團糟。

如果你想要改變世界，那麼就可以雇用這個塔羅原型的人，或是向他們諮詢、跟他們一起工作，好好跟他們學習。

◈寶劍國王／科學家原型的指標

- 生日那天收到科學工具組合包會很興奮
- 會很期待上學
- 一直都對宇宙運轉的複雜細節感到興趣
- 每一件事情都會考量到大局
- 只要一忙於工作，就看不見其他
- 在自己的領域受過良好訓練，而且受到同業尊敬
- 想要改變世界
- 從小就對「爲什麼」和「如何做」感到好奇

◈寶劍國王的優勢

- 相信自己的能力、自己這個人以及自己的工作
- 有夢想、有遠見
- 心胸開放，能接受改變、外來挑戰以及做事情的新方法
- 能夠幫助別人打開他們的心靈
- 能夠讓社會和科技往前推進
- 有辦法眞正改變世界
- 激勵別人創造改變

◈寶劍國王的陰暗面

- 不務實、太過超然
- 逃避現實生活的一些事情，比如洗衣服
- 可能對人或對夢想有不切實際的想法
- 冷漠

- 自大
- 太過理性，也許需要一些修練來重新找回自己的感性
- 憤世嫉俗
- 偏激

◈寶劍國王原型的解牌要訣

即使是經驗老到的塔羅好手，有時也很難確認一張宮廷牌到底是代表問卜者自己的其他性格面向、或是代表另一個人。占卜當中出現寶劍國王，你可以用這些行為來作為辨識標準：

- 一個積極尋求專家意見的人，無論是希望獲得專家的指引，或是自己成為那個工作的專家。
- 一個非常聰明的人，不怕改變現狀或是阻撓別人的工作。他們在意的是把事情做對，勝過受人歡迎。
- 一個非常專注於某件事情的人，甚至可能有點太超過。

如果寶劍國王這張牌出現在代表結果、行動或是下一步的陣位，那麼建議你可以採取以下行動，善加運用這個原型的力量：

- **問自己**——我有沒有可能忽略了細節？用清醒的頭腦把事情重新想過一遍，仔細檢視細節的部分。
- 暫時把情緒和偏見放在一邊，用理性邏輯看事情。
- **功課**——如果是《星際爭霸戰》裡的史巴克，他會怎麼做？試著去研究這個原型的角色或流行文化代表人物，來尋找更深的答案以及讓事情往前推進的選項。

寶劍王后
The Queen of Swords

關鍵字

- 公正持平
- 不偏不倚
- 誠實
- 直率
- 明確
- 口齒清晰
- 仁慈／壞心腸

星座——天秤座

寶劍王后是掌管占星第七宮的女王，這是跟伴侶、婚姻、感情以及群眾連結力有關的宮位。

▶壞女孩塔羅和慕夏塔羅

原型——裁判者

誠實、公正、像圖釘一樣尖銳，裁判者原型的人（The Judge）是一個感性和理性兼備的人。裁判者原型將寶劍牌元素（風）的智性以及王后牌的感性關懷與領導特質，做了完美的結合。他們對於自己的情緒感受、想法、話語都有很強的覺知力。他們知道，頭腦和心如果結合起來，就能產生勢不可當的改變力量。反面來說，假如裁判者的心受到阻塞，這個原型的人可能會變得相當冷漠、極爲殘酷，用言語去傷害人，甚至爲了一己之私去操控別人。

在社交方面，裁判者原型的人是那種只要你遇到緊急時刻、有事情需要請教或解決時，第一個想要打電話給他的人。他們是天生的調解人，能夠幫忙把溝通有困難的人集結起來，做出明確、直接的裁判。

寶劍王后無法容許任何謊言和欺騙，而且老遠就能看穿它。他只要看著你的眼睛，你就會覺得整個人好像被他看光光。這種能力也給了這個原型的人最佳工具，讓他們能夠做出公平公正的裁斷，但也可能讓他們落得嚴厲、殘忍、無情的聲名，這大部分是那些謊言被戳破的人給他們的評價。

他們非常清楚言語的力量，可以傷人也可以治癒人。假如你是想要討拍，那絕對不要去找他。但如果你想要聽眞話，找他準沒錯。

他們的適應力非常強，心胸非常開放，能夠從各種不同的角度去看一件事情或一個問題。他們會顧及各方利益，找出最佳解決之道。這個原型的人相當有辦法處理那種看似無解的溝通瓶頸，而且他們相當機智風趣，通常口才都非常好。

◈在情愛關係中

寶劍王后有一種天賦，能夠運用他們的機智風趣和頭腦，不僅能在爭論中快速發出火力、嚴厲痛宰對方，也可以在宴會上拿某人來開玩笑，成爲派對上的靈魂人物。寶劍王后希望他的伴侶是忠誠、公正而且聰明的人。對別人說謊本來就不是一件好事，如果你對交往中的寶劍王后說謊，那你簡直是蠢到爆。你絕對會被逮到。

如果寶劍王后的伴侶表現得比他們優異，他們一定會用詩歌般的讚美語言來誇獎對方，展現他們的愛。他們是非常深情而且和善有禮的人。假如你覺得他們冷漠，那只是因爲你跟他們還不夠熟。寶劍王后對於生活有很高的品味，包括他們的感情。他的對象必須是最優秀的。感情是他們的避難所，在這個關係當中他們可以眞實表達自己，不需要任何批判。

雖然這個原型的人外表看似堅強、好像穿著一襲盔甲在身上，但他們對於別人對自己的看法、對方說的話，還是相當在意、認眞。這是爲什麼他們這麼重視言語的原因之一。這也是他們在人際關係上的雙面刃，因爲他們有辦法在面對一些情況時，感性與理性兼備來擊中事情的要害，這會讓他們變得更難操縱。

◈ 在工作職場上

寶劍王后在工作上通常都位居領導位置，但也同時跟人有密切接觸，特別是那些能夠集結人群或是有公眾影響力的工作職位。

如果你跟這個原型的人一起工作，我強烈建議你溝通要清晰明確，而且要經常溝通，不要在事情遇到困難時想要去美化它。他們通常可以成爲非常優秀的管理者，因爲他們有辦法激勵和調解不同的工作團隊，讓大家同時把工作完成。

由於人們會去向寶劍王后尋求建議，而且最重要的是他們擁有很好的仲裁能力，因此這個原型的人很容易成爲他們各自領域的專業人士。

◈寶劍王后/裁判者原型的指標

- 朋友遇到問題時都會來找你
- 天生的調停者和裁判者
- 擅長辯論
- 喜歡書面和口頭表達
- 博學多聞
- 批判性思考對他們來說相當容易而且自然
- 機智風趣而且滔滔不絕

寶劍王后的優勢

- 希望公平對待所有人
- 非常厲害的溝通者
- 橫向思考家
- 值得信賴
- 對人很重視
- 對於人和他們的隱藏動機有很強的理解能力
- 能夠守口如瓶
- 出色的談判代表

寶劍王后的陰暗面

- 殘酷而尖銳
- 批判性很強
- 可能會冷漠無情

- 恫嚇
- 操縱
- 切斷感受

◈寶劍王后原型的解牌要訣

即使是經驗老到的塔羅好手，有時也很難確認一張宮廷牌到底是代表問卜者自己的其他性格面向、或是代表另一個人。占卜當中出現寶劍王后，你可以用這些行爲來作爲辨識標準：

- 一個不會輕易亮出自己底牌的人，或是不會跟人嚼舌根聊八卦。他們會專心去聽人們在談論什麼，但也能夠守口如瓶。
- 你生活中一台活生生、會講話的「說謊探測器」。你很難對這個人說謊，他們有辦法直接把你看穿。
- 此人機智風趣、辯才無礙，能夠上天下地無所不談，也能對每一件事情巧妙反駁。

如果寶劍王后這張牌出現在代表結果、行動或是下一步的陣位，那麼建議你可以採取以下行動，善加運用這個原型的力量：

- **問自己**——什麼才是對所有人都公平公正的結果？當然啦，你無法一直都討好每一個人，但你還是可以維持一點公平性。
- 保持開放，不一定要選邊站。用開放的心態從不同的角度和觀點去看事情。
- **功課**——如果是法庭實境節目裡的那位茱蒂法官，她會怎麼做？你或許會說她是一個眞實人物，不是一個戲劇角色，不過，電視還是會有點造假的成分，而且她眞的是這個原型的典型代表人物。

寶劍騎士

The Knight of Swords

關鍵字

- 守衛者
- 行動取向
- 犧牲
- 強而有力
- 原始
- 被授與權力
- 迅速敏捷

星座——雙子座

寶劍騎士是掌管占星第三宮的騎士，這是跟溝通、理性邏輯、社群團體、書寫、教導以及兄弟姊妹有關的宮位。

▶三相女神塔羅和壞女孩塔羅

原型——戰士

戰士原型者（The Warrior）是一位眞正的騎士，隨時準備投入戰場，持劍殺敵。他們完全不害怕與人戰鬥，也不害怕將自己的生命置於險境，而且面對挑戰也絕不退縮。他們徹底相信自己此生的任務就是去捍衛那些無法保護自己的人。如果他們看見有什麼錯誤的事情發生，絕對不會坐視不管。戰士原型的人通常有一套自己的行事準則，不是因爲政府的要求；他們不會隨便聽命於人。這些行事準則就是他們的生活方式，本質上是屬於精神層面的。

他們會先行動然後才思考，或者迅速做出決定，以致無法把每一件事情都設想周全。他們很容易犯錯，到最後反省自己的行動時，避免不了要收拾殘局、跟一堆人道歉。有些戰士是永遠不做這件事的。他們會讓自己不斷前進、移動，期待自己不要被過去（和良心）追上。

有時候他們可能覺得很多事情都是理所當然，所以經常太快行動或太快把話說出口，結果常令身邊的人感到挫折或非常生氣。對戰士來說這是一項挑戰，要他們放慢速度、放慢身體頭腦和嘴巴，眞的是非常困難的。假如這個原型的人有在靈修，他們就會去尋求一些方法，讓自己的身心靈更加協調。戰士原型的人很喜歡體能和戶外活動。

跟他們的兄弟——「軍人」原型一樣，他們也很容易成爲權力政治遊戲的馬前卒。不過，戰士必須知道他們是爲了什麼而犧牲奮戰，而軍人則毫無質疑地服從命令。

◈在情愛關係中

覺得生命中重要的人和他們走在同一條路上，這件事對寶劍騎士來說非常重要。因此，他們通常會去尋找相同信仰和價値觀的人來交往。在宮廷牌的四位騎士當中，寶劍騎士是最有可能選擇單身的人。這是因爲他們永遠不會停止移動，他們身上總是背負著任務。而你很難跟上他們的腳步。

他們很喜歡接受智力考驗，但也有可能考驗還沒開始就結束了。他們無法忍受膚淺、愚蠢或頑固偏執的人。假如你的心不夠開放，他們絕不會把時間浪費在你身上。他們喜歡談戀愛，卻不喜歡認眞。人們經常會被這個原型的人吸引，是因爲在神話和文化中他們被描繪成浪漫多情的角色，但實際上他們當中專情的人根本相當稀少。

寶劍騎士很喜歡身邊圍著一堆人，他們很擅長社交。他們交遊廣闊，各式各樣的朋友群非常多。他們需要新鮮刺激。寶劍騎士在床上是很會幻想和角色扮演的人。在愛情上他們喜歡保持新鮮感。

在工作職場上

想要把事情解決嗎？去找這位寶劍騎士就對了，他一定會把事情解決。而且速度超快。只是結果不一定非常完美就是了。工作上，他們喜歡接受挑戰，如果有競爭，他們會渴望贏，而且會全力以赴。

寶劍騎士很需要在內心對他們所做的事情、或是所提供的協助有很深的認同，否則他們絕對不會去做。他們會去找其他更合適的事情做。在他們確定把精力投注到一家公司之前，一定會先調查這家公司和裡面的員工。

他們喜歡有晉升機會的職位。假如感覺自己在那個職位上沒辦法貢獻什麼改變或是做決策，他們絕對不會戀棧。充滿刺激、能同時面對各種不同行業的工作和職位，都很適合他們。

寶劍騎士一生當中可能會換很多份工作或是很多工作地點，如果有機會一邊旅行一邊工作，那就更有吸引力了。

由於這個原型的人很需要將他們的基本能力和紀律相結合，來訓練他們的身體，很多戰士原型的人發現，他們天生就是當運動員的料。這對他們來說是一條完美的出路，因爲他們可以一方面跟人保有情誼，一方面又能去對抗某些事情。

◈ 寶劍騎士／戰士原型的指標

- 小時候喜歡扮演戰士角色
- 對各種武術運動非常著迷，而且會實際去參與
- 曾經嘗試用拳頭解決問題
- 很容易發脾氣

- 大部分時間都坐不住，需要做點什麼事
- 外向活潑
- 喜歡單人旅行和探險旅行
- 追求靈性指引，讓自己成爲有覺知的戰士

◈ 寶劍騎士的優勢

- 保衛那些需要保護的人
- 需要行動時絕不猶豫
- 身先士卒
- 能激勵他人付諸行動
- 勇敢大膽
- 對他們重視的事情相當有紀律

◈寶劍騎士的陰暗面

- 嗜血、氣勢洶洶
- 不理性
- 沒有考慮後果就倉促行動
- 容易被激怒
- 無故就處罰別人
- 成爲別人遊戲裡的一顆棋子
- 復仇心很重

◈寶劍騎士原型的解牌要訣

即使是經驗老到的塔羅好手，有時也很難確認一張宮廷牌到底是代表問卜者自己的其他性格面向、或是代表另一個人。占卜當中出現寶劍騎士，你可以用這些行爲來作爲辨識標準：

- 一個隨時準備應戰的人，當他進入一個房間，會先檢查出口在哪裡，而且永遠不會完全卸下防衛。

- 此人似乎總是爲自己的出言冒失所苦，因爲他們還沒把事情想清楚就把話說出口，而且經常盲目行動。
- 一個非常著迷於武術訓練而且會主動參與的人。他們可能很喜歡《功夫》這部電影，會收集各種武器裝飾品，甚至可能會以打獵或運動維生。此人也是個漆彈迷。

如果寶劍騎士這張牌出現在代表結果、行動或是下一步的陣位，那麼建議你可以採取以下行動，善加運用這個原型的力量：

- **問自己**——我害怕行動嗎？如果你一直心懷恐懼，就會很難做決定或是採取行動。好好探索自己的恐懼根源，能夠幫助你解開心結，擺脫猶豫不決和僵局。
- 立即採取果斷行動；付諸行動的時候到了。不要再當一個旁觀者。
- **功課**——如果是神力女超人，她會怎麼做？試著去研究這個原型的角色或流行文化代表人物，來尋找更深的答案以及讓事情往前推進的選項。

寶劍侍者
The Page of Swords

關鍵字

- 想像力
- 發掘探索
- 點子多
- 衝動
- 算計
- 思考
- 好奇心
- 溝通
- 提出質疑

星座

寶劍侍者沒有固定指派的星座，他可以是任何一個風象星座：雙子、水瓶、天秤。他們擁有這些星座所有的特質。寶劍侍者就像孩子一樣，擁有無可限量的潛力。

▶日常女巫塔羅和慕夏塔羅

原型——偵探

偵探原型的人（The Detective）有非常強的警覺和觀察力，他們知道何時該說話、何時該閉嘴當人形背景就好。很多其他人不在意的事情，偵探原型的人都會非常注意而且做筆記，因此你絕對不能小看這種人。他們知道的事情其實比大多數人還要多，很多人都低估了他們的實力。這也是他們之所以那麼聰明的原因。他們善於感受、觀察、覺知。他們可能不像其他風象元素的宮廷成員那樣能言善道，但只要他們一開口，絕對都是他們想要讓你知道的重點。如果你夠聰明，當這個原型的人開口說話，就是你該做筆記的時候了。他們總是不斷在問爲什麼，即使沒有化成言語說出口。

他們提醒我們，其實不需要把事情過度複雜化。這是很多人的專長——把事情搞得很複雜。偵探原型者不會多跟你廢話，他們會給你最簡單、單純的智慧，這是我們一度失去的。

這個原型的人有辦法在多數人看不見的地方看出圖形和符號，所以他們很擅長解謎。如果你跟他們一起看犯罪電影，一定會被他們氣炸，因爲他們會在電影角色出來不久之後，就興高采烈告訴你凶手是誰、還有他們是怎麼發現的。偵探原型很陶醉於發掘和揭開隱藏的事物。他們從不懷疑自己的直覺和本能，而且很快就可以對人做出判斷。

偵探會整晚不睡覺來思索一個問題，而且會追查所有線索，直到他們能把手上這個難題解決。即使那只是一個填字遊戲。

◈在情愛關係中

寶劍侍者對於感情抱有崇高的理想，甚至是幼稚的期待。但當他們實際上去談戀愛，這些理想很快就會被擊垮。

偵探原型者的伴侶會覺得他們像是一團解不開的謎，或甚至感覺自己像是犯人一樣被他們的情人審問。這是因爲，這個原型的人很喜歡研究人的行爲動機。

寶劍侍者不是那種會很快許下承諾的人。因爲還有太多東西他們想要先去體驗。通常他們會比較關心自己的事業以及發生在身邊的大小事，然後才會把時間花在他們的感情上。

假如他們被自己的陰暗面控制，好的情況下，他們可能頂多對人不信任；最壞的情況是，他們會縱容背刺者，放任他們爲了自己的好處來挖你的醜事。

◈在工作職場上

寶劍侍者非常喜歡那些跟知識探索和知性理想有關的工作。他們希望自己的頭腦可以充分被利用。跟解決問題、挖掘事物無關的事情，他們一點興趣都沒有。

他們也相當能夠跟人一起進行團隊工作，只要你能給他們充分的時間和空間，讓他們可以照自己的方式去做事。這個原型的人會對那些很難解決的問題、工作、案件變得過分執迷。當他們跳進自己的兔子洞去解決謎題時，整個人就像不見了一樣，讓身邊的人非常抓狂。

◈寶劍侍者／偵探原型的指標

- 猜謎遊戲上癮者
- 通常是那個提出問題而不是回答問題的人
- 擅長解決問題
- 觀察力很強
- 擅長整合資訊，把別人看不到的黑點連成線
- 對於細節很多的工作樂在其中
- 渴望去了解別人的行爲動機
- 口才流利、能言善道——有辦法讓人無話不說

◈寶劍侍者的優勢

- 直覺強
- 感知力佳
- 能夠提供許多新的觀點

- 變色龍
- 頭腦裡面有一堆問題
- 還沒完成的工作不願意停下來

◈寶劍侍者的陰暗面

- 無知
- 幼稚、不成熟
- 容易陷入自己的思考中
- 勒索者或背刺者
- 不被人信任、也不信任別人
- 姑息養奸

◈寶劍侍者原型的解牌要訣

即使是經驗老到的塔羅好手，有時也很難確認一張宮廷牌到底是代表問卜者自己的其他性格面向、或是代表另一個人。占卜當中出現寶劍侍者，你可以用這些行爲來作爲辨識標準：

- 此人最喜歡的字眼就是「爲什麼」。他們想知道事情的來龍去脈，在他們加入你的團隊之前，一定會問清楚你的計畫的所有細節。
- 即使你自以爲很聰明，把一樣東西藏得很好了，此人還是有辦法把它找出來。無論是你藏在櫥櫃後面的禮物，或是你以爲那些已經在網路上被遺忘的尷尬照片。
- 他們會注意到葉子上面的小瓢蟲、雲朵的形狀，還有掉在路上的硬幣，而且能夠看到大多數人完全看不到的細節。

如果寶劍侍者這張牌出現在代表結果、行動或是下一步的陣位，那麼建議你可以採取以下行動，善加運用這個原型的力量：

- **問自己**——什麼東西可以激勵我？當我們用某種帶有激勵性的東西來刺激我們的大腦，它能讓我們感到放鬆、獲得大量的快樂激素，通常就能突破困境。
- 對所有事情提出疑問、進行批判性思考、做好自己的功課，以此來獲得不同的觀點。現在並不是盲目信仰的時候。
- **功課**——如果是福爾摩斯，他會怎麼做？試著去研究這個原型的角色或流行文化代表人物，來尋找更深的答案以及讓事情往前推進的選項。

練習

我的塔羅原型是什麼？

第一部分：你的原型基柱

在這個練習裡，我們就要來找出你是屬於哪一個宮廷角色原型，你個人的塔羅宮廷人物是長什麼樣子。無論你的年紀、性別認同以及髮色是什麼，在不同時候，你都有可能是任何一個宮廷人物。在感情上，你可能是聖杯騎士浪漫情聖，但是在工作上，你卻是講求務實和結構的錢幣國王。

透過這個練習，可以知道你個人的原型和陰暗面，運用自己的優勢，反思你在情感關係上是否出了什麼問題，在工作上更容易取得成就，也能讓你戒除一些對你無益的習慣。塔羅宮廷牌能幫助你了解生命成長過程，以及你在生活中可能面臨的挑戰。

爲了能夠找出你在不同生活領域面向（或稱爲「基柱」）是屬於哪一個塔羅宮廷人物，請先把每一個原型的辨識指標都全部讀過一遍。假如你還是覺得很難找出來，可以請一位你信任的朋友，或是研究塔羅牌的同伴來跟你一起做這個練習，給你一些意見。

進行這項練習，你需要一副塔羅牌、一本筆記、還有一支筆。

1. 拿出你喜歡的一副塔羅牌，然後把十六張宮廷牌取出來。
2. 其餘的牌請暫時放在一邊。
3. 運用前面講過的所有宮廷牌原型的資訊，在以下的表填上你的塔羅原型。

基柱一：情感關係

你的塔羅宮廷原型

爲什麼你選這張牌？

基柱二：你的家庭關係

你的塔羅宮廷原型

爲什麼你選這張牌？

基柱三：你的朋友關係

你的塔羅宮廷原型

爲什麼你選這張牌？

基柱四：你的工作/事業

你的塔羅宮廷原型

爲什麼你選這張牌？

基柱五：你的健康狀況

你的塔羅宮廷原型

爲什麼你選這張牌？

基柱六：你的精神原型

你的塔羅宮廷原型

爲什麼你選這張牌？

基柱七：你的內在自我

你的塔羅宮廷原型

爲什麼你選這張牌？

現在你已經確定，在你生活各層面，你是屬於哪一個原型基柱，接下來請針對你所選出的每一張牌，回答以下問題。

- 你喜歡這張牌嗎？
- 你覺得訝異嗎？
- 你認爲自己應該是另一位宮廷人物嗎？如果是，那是哪一位呢？
- 你喜歡這張宮廷牌代表你嗎？

這個練習是一個很棒的方法，可以讓你看到，在你前往目標的路上，是否存在障礙。

假如你發現你的各個生活面向有很多都是騎士，那你可能會覺得事情一直在變化，或是你採取了很多行動，但是沒有足夠的時間好好規劃以及設定紮實的目標。如果你生命中有很多侍者，那麼現在你可能需要讓自己再長大、成熟一些，然後負起責任。如果有很多國王，那表示你做事的方式很固定而且僵化，你可以爲自己多增加一點樂趣和自由度。如果有很多王后，那表示你充滿母性關懷，或許需要把那些細膩周密的心思貢獻給世人，以及/或是把你的精力轉向內在好好照顧你自己。

每過十二個月就做一次這個練習，對你會有很大幫助，因爲你的塔羅宮廷原型會隨著你的成長、學習、習慣的破除，以及人際情感關係的圓滿而產生變化。

第二部分：塔羅原型占卜牌陣

接下來，我們要進一步擴展你的原型，看看每一根生活基柱組合出什麼樣的地圖牌陣。運用第一部分的七個基柱資訊，就能夠爲自己進行塔羅占牌，讓塔羅原型的概念得到更全面的發揮和應用。

注意：進行第二部分練習之前，請先把第一部分確實完成，因爲這個部分會用到你在前一部分得到的資訊。

假如你發現有一根以上的基柱是屬於同一張宮廷牌（這樣很好而且很正常），請使用多副塔羅套牌，或是在紙卡寫上宮廷牌的標題，放在那張牌的位置。

1. 取出你的七張宮廷原型牌，將它們放在下圖當中 1～7 的位置。
2. 把剩下沒用到的宮廷牌放回整副牌中，然後洗牌。集中心思在第一根基柱。洗好牌之後，切牌，然後取一張牌放在原型牌的左邊，取兩張牌依序放在原型牌的右邊。
3. 反覆進行第二個步驟，把七根基柱的牌都抽出來，每完成一根基柱，記得要重新洗牌，洗牌時心思集中在要抽牌的基柱上。
4. 建議從以下幾個提示來解讀，然後把你的體驗記錄下來。

◈ 指示提問

- 這局占卜牌陣中有出現其他多張宮廷牌嗎？這幾張宮廷牌是否屬於同一元素？
- 牌陣當中有出現大阿爾克納牌嗎？這對你的原型帶來什麼影響力？你的原型跟大阿爾克納牌的能量有何關聯性與相互作用關係？
- 有任何下一步／出路牌看起來是相互牴觸或後退的嗎？這給你什麼感覺？

基柱一	8 你的愛情 優勢	1 愛情原型 宮廷牌	9 你的愛情 挑戰	10 下一步 出路
基柱二	11 你的家庭 優勢	2 家庭原型 宮廷牌	12 你的家庭 挑戰	13 下一步 出路
基柱三	14 你的友情 優勢	3 友情原型 宮廷牌	15 你的友情 挑戰	16 下一步 出路
基柱四	17 你的工作 優勢	4 工作原型 宮廷牌	18 你的工作 挑戰	19 下一步 出路
基柱五	20 你的健康 優勢	5 健康原型 宮廷牌	21 你的健康 挑戰	22 下一步 出路
基柱六	23 你的精神靈性 優勢	6 精神原型 宮廷牌	24 你的精神靈性 挑戰	25 下一步 出路
基柱七	26 你的內在自我 優勢	7 內在力量原型 宮廷牌	27 你的內在自我 挑戰	28 下一步 出路

Chapter9

宮廷人物的愛情

Tarot Court Love Connections

現在我們就要來深入探討，塔羅宮廷原型在愛情、情感關係以及情慾上的表現。你將會了解宮廷人物是如何墜入愛河，以及他們在一段感情裡會有什麼樣的行爲展現。在塔羅占卜預測時，占卜師經常都會被客戶問到，他們想要離婚的對象究竟是個什麼樣的人，或是希望占卜師告訴他們，誰才是他們的靈魂伴侶。遇到這類案件，我經常都會用到宮廷牌。因爲宮廷牌可以告訴我和我的客戶，對方在感情中會有什麼樣的性格展現，他們可能會用什麼方式來回應他們的伴侶，以及如何協助他們面對生命中的難題。

你可以用以下這些內容來幫助自己以及/或你的塔羅客戶找到眞愛，也能知道在行爲和行動上該注意些什麼事情。

我們可能會是十六位宮廷人物的其中一個，但是在不同的關係裡面，我們的宮廷角色也會跟著變化。比方說，我們與兄弟姊妹的互動方式，就跟我們與父母親的互動方式不同；我們跟同事的關係，也不會和我們親密關係的對象一樣，雖然很多人都會把兩者搞混。這一章的內容，會把焦點放在宮廷人物原型的愛情發展階段有什麼樣的表現，因爲愛情是人生當中最具衝擊力，帶給我們最多挫折、最多改變，也最令人心醉神迷的一種關係型態。

隨著我們的作爲不同，愛情也會有不同的發展和變化，然後隨著我們交往對象的不同以及時間的變化，我們的宮廷原型也會跟著改變。每一個人在一生當中都會經歷各種不同的原型性格，這是很正常的。因此，你可能會在很多種原型當中看到過去的自己。

在吸收這些訊息時，請特別注意，每一個人的情況都不相同，每一段感情也都有所差異。宮廷牌原型的組合配對，以及他們的愛情與關係型態特徵，這些資訊都是爲了幫助你更加了解你的情感關係和你愛的人。至於你該跟誰約會、結婚或分手，都不是一成不變的規則。

當你的占卜客戶問到關於未來交往對象，然後占牌出現一張宮廷牌，就可以使用以下資訊來幫助你的客戶了解他們未來可能跟什麼樣的人交往。占卜師本身也可以藉由這些資訊去揭開宮廷牌的神祕面紗，幫助你爲客戶做出更清晰的占卜解讀。

在愛情占卜牌陣當中，如果宮廷牌出現在代表反對、阻礙或是挑戰的陣位，或者出現逆位牌，那表示你要看的是這張宮廷牌牌義當中屬於陰暗面、或是悲傷痛心的部分。這個資訊可以幫助人們去了解他們的行爲模式，培養這個原型的積極面特質，讓自己（如果是幫自己占卜）或問卜者有機會重新贏回對方的心。但絕對不能爲任何形式的虐待行爲找藉口，如果我們眞的關心一個人的健康或安全的話，應該去尋求專業人士的協助。

你可以把自己對這張牌的直覺感受，以及過去學到的牌義加進來，建立起你在愛情占卜解牌上對每一張宮廷牌的獨特詮釋。

聖杯國王——黑帝斯——冥界之王

The King of Cups—Hades—The Lord of the Underworld

這個原型的人如果想追求一個人，他會開始去讀哲學和古典文學書籍，好讓自己看起來像是很有深度。他們會掉書袋引用書上的名言佳句，然後故意把那本書留在你看得到的地方，讓你知道他們眞的有讀書。如果他們認眞想追求你，他們一定會想辦法探出你喜歡的作者或詩人是誰，然後回家做功課。聖杯國王如果把你鎖定爲他們的追求目標，你絕對會知道。

聖杯國王會利用他的神祕和沉默來吸引人們靠近他。他在朋友圈通常頗有名氣，無論是好的名聲還是壞的，但他們對於澄清這些聲名的眞假完全沒興趣。他們希望你自己去發現，到底別人說的是不是事實。他們對於用眼神跟人建立關係完全不感到害臊，即使那樣的眼神接觸對別人來說有點太超過。

▶蒸氣龐克塔羅和日常女巫塔羅

他們可能會給人一種拒人於千里之外和愛慕虛榮的印象，但這通常都是一種僞裝，是爲了保護自己不受傷害的方式，或是爲了讓人覺得他們心胸寬大，一旦他們遇到眞心想要交往的對象，他們會陷得很深。

黑帝斯也是一個在性愛上非常有實驗精神的情人，他們喜歡讓對方愉快，也享受對方的付出，對這個原型的人來說，性就是愛情的延伸。

假如他們處在陰暗面狀態，很可能會變成操縱狂情人，把對方變成拉線木偶，這樣當他們需要時，就一定會有一個人來安慰他們、滿足他們的需要。他們其實也知道自己是用性能量來操控對方。此原型的人若陷入陰暗面，會很容易對酒精或其他成癮物質產生依賴，因而危害到他們的情感關係。

在一段穩定的情愛關係裡，他們會相當在乎對方、保護對方，而且會把對方視爲家人，一直放在心裡面。

當關係出現衝突，或是面對分手的悲傷時，聖杯國王會變得心情很不穩定、喜怒無常。他們可能需要一段時間獨處來面對自己的情緒，而且如果你給他壓力，希望他把事情說出來，他絕對不會給你好臉色看。這種時候，對聖杯國王來說，最大的支持就是你能了解他們需要空間，只要他們準備好、願意說出來，你隨時都在。

◈聖杯國王的完美戀情配對

- 錢幣騎士——軍人——沒有人能像錢幣騎士那樣穩定、堅強、忠貞不移地陪在聖杯國王身邊，與他們一起度過情緒風暴。聖杯國王可能會喚醒錢幣騎士的性生活，因此讓兩人的關係非常和諧。他們都是那種非常嚴肅、又渴望與對方建立很深的感情的人，因此可說非常速配。

◈聖杯國王的艱苦戀情配對

• 聖杯王后——神祕主義者——這兩個人在情感和性方面都相當能夠配合，但是當關係開始出現問題，他們的鬥爭可能會像長篇史詩那般艱苦卓絕，在感情上彼此撕破臉。假如他們的溝通技巧夠強，或許還有救，但這需要有很高的情緒智商，兩人的關係才可能長久維持下去。

聖杯王后——神祕主義者
The Queen of Cups—The Mystic

聖杯王后喜歡浪漫，但基於過去經驗，他們曾因爲自己的直覺和通靈天賦而受到審問和迫害（就算這並非發生在這一世），他們很可能不會馬上就把自己最珍貴的禮物獻給目前正在交往的對象。不是他們想要欺騙對方，而是他們在把自己完全敞開之前，必須知道自己的處境是安全的。這個原型的人有時候可能會給人一種忽冷忽熱或是有點害羞的印象，但事實上他們很喜歡被追求。被拒絕、嫌棄是這位宮廷人物的致命傷，因此他們會想要知道對方的眞實感覺，然後他們才會把心門打開，開始顯露眞正的自己。他們會先觀察這個約會對象，看他是不是夠有愛心、是不是足夠善體人意、夠體貼。假如他們發現對方可以給予他們充分的支持，他們會非常開心。

▶壞女孩塔羅和慕夏塔羅

作爲情人，神祕主義者相當知道對方的舒服帶在哪裡，也知道對方想要什麼，完全不需要你來告訴他。他們知道何時該停下來、何時該繼續不要停。他們能跟對方完全同步，讓彼此非常開心。他們會希望你用撫摸來告訴他們，你有多愛他們、多欣賞他們。他們通常很容易過度付出，因此，如果你的伴侶是神祕主義者原型的人，最好確定你給出去的能夠跟你收到的一樣多。

神祕主義者原型如果陷入陰暗面狀態，在感情上會變得非常沒有安全感，這很容易讓人覺得他們嫉妒心很強。他們可能會再三尋求對方的愛情保證。這根本就無濟於事，神祕主義者會去搜羅他們的伴侶是不是會被誰吸引，即使那根本只是一時的興趣。

在一個穩定的關係裡，聖杯王后是一個非常有悲憫心的人。他們的感情通常進展非常迅速，忘記慢慢享受約會的樂趣。他們要麼就全心投入，不然就是完全不會踏進去。當他們在關係當中感到安心，會寧願開心待在家裡，而不喜歡跟陌生人在一起。

如果跟對方發生衝突，神祕主義者原型的人會把自己關閉起來，變成一堵磚牆。他們什麼話都不想說，也不願意告訴對方他們為什麼生氣。如果壓抑過多情緒，他們很可能會承受不住而爆發，因為感到挫折而哭泣，但他們還是無法向別人說出為什麼他們這麼沮喪生氣。

心碎悲傷時，他們可能會自己一個人躲起來，而且沒辦法去顧及別人的需要。這個原型的人很需要平時好好照顧自己的情緒，也要在悲傷時好好清理能量，因為他們會發現自己過不久很快又情緒崩潰。

◈ 聖杯王后的完美戀情配對

- 聖杯王后——神祕主義者——神祕主義者很自然會互相吸引。他們會在生活中成為彼此的鏡子，而且會給對方安全的空間可以做真正的自己，他們的溝通之良好，可說是其他戀愛配對遠遠不能企及。這樣的配對關係很需要有一群共同朋友，來讓他們保持現實感以及與社會的聯繫。

◈聖杯王后的艱苦戀情配對

- 寶劍騎士——戰士——這個原型的人不管在感情上或肉體上都跟神祕主義者不對盤，因爲他們無法達到神祕主義者的要求。他們會把每一件事情還有其他人放在感情之前，而且完全不會去意識到自己正在做這件事。戰士原型的人把自己的戰士/精神旅程放在感情之前，這會讓神祕主義者覺得自己被嫌棄、被冷落。

聖杯騎士——浪漫情聖

The Knight of Cups—The Romantic

快把床柱抓穩！我們的大眾情人來啦！在求愛方面，這個原型的人不僅制定規則（通常都是依照自己喜好），還同時是那個執行遊戲的人。在這場征戰中，敵人愈強大愈好。他們知道自己是有爭議的人，因爲他們身後早就跟著一堆讓人心碎的事蹟。就算你知道這個人聲名狼藉，只要他們喜歡上你、跟你約會，還是會讓你感覺好像你會是那個唯一的例外，不會跟其他人一樣以心碎收場。他們喜歡談戀愛的感覺，所以一旦跟你交往，保證會讓你收到驚喜大禮。當你是他們渴望的對象，跟浪漫情聖在一起是種非常不可思議的感覺。

▶慕夏塔羅和蒸氣龐克塔羅

浪漫情聖其實是一位很棒的情人，不只因爲他們情場經驗豐富，也因爲他們把做愛當成一種藝術，而且他們想要對得起自己的街頭風評。當你需要興奮刺激，他們會逗你；當你需要生活中來點愛情魔法，他們會很性感、溫柔、給你肉體之樂；當你需要重口味的東西，他們也能夠很淫蕩。如果你跟浪漫情聖在一起，而他們並不是很敏銳的人，或者正陷入自己的陰暗面，他們可能會認爲自己在床上表現很棒，但實際上非常糟糕。他們會認爲自己的床上功夫是天賦異秉，肯定能應付一切沒問題。

陷入陰暗面的聖杯騎士，跟對方交往只不過是在累積他們的戰績，而且通常是爲了塡補他們生命的空虛而跟對方在一起，因爲他們無法忍受孤單，如果他們願意在一段感情裡面定下來，這也是唯一的原因。他們的標準流程就是：追求、談戀愛、利用、說掰掰。他們就是那種情史一大堆的人，還可以同時跟不同對象交往，而對方完全被蒙在鼓裡，只要他們開始覺得有一點點麻煩，或是對方要求他們定下來，他們就會馬上跑了。他們對於愛情有一種不符現實的期待，因爲最終他們需要學習的是怎麼愛自己。

承諾與死忠的浪漫是很難並存的。要他們跟一個人定下來，他們寧願跟自己結婚，他們認爲自己天生注定狂放不羈，要愛誰是他們的自由。有些人本來就不適合一夫一妻制。他們這種個性經常會招致一些比較傳統的人的批評，但是對某些人來說，你要他們不按照自己的心意來過活，他們會覺得那更危險，若是如此他們寧願孤獨一人。假如你是浪漫情聖原型的人，有一天如果你想要認眞定下來，那很可能你喜歡的對象類型會跟早年不一樣。

這個原型的人如果跟情人發生爭執，通常會很快把事情解決，盡可能讓事情趕快平息。爲什麼要把時間花在相爭而不是相愛呢？當他們的伴侶想要跟他們吵架，他們會設法用最火熱的行動去化解爭吵。假如你沒辦法有一場熱烈的爭吵後性愛，那吵架有什麼意思？

心碎悲傷時，浪漫情聖很可能會讓自己沉潛，成爲多產的藝術家。他們會聆聽符合自己心情的音樂、潛心研究各種不同的藝術領域，並且透過做愛試圖讓自己恢復心情。他們會想要讓其他人看見他們眞的很傷心。

◈聖杯騎士的完美戀情配對

- 權杖侍者——彼得潘——目前合得來，但不代表將來一定會結婚。他們在一起會非常火熱、開心，而且這兩種原型的人都不喜歡把事情搞得太嚴肅或太沉重，因此雙方可以配合得很好。

◈聖杯騎士的艱苦戀情配對

- 寶劍國王——科學家——這個原型的人根本沒時間搞浪漫遊戲。這兩種人如果勉強在一起，他們最可能的結局就是互相殘殺。但這並不表示浪漫情聖不會積極去追求一個像科學家這種擁有強權個性的人，只是他們的關係不會長久，因爲科學家很快就會感到厭煩而且看穿他們的眞面目。

聖杯侍者——共感人

The Page of Cups—The Empath

共感人是一個約會天才，因爲他們可以在短短幾秒鐘時間內就知道自己跟對方有沒有未來。也因爲這樣，他們經常給人一種很挑食的感覺，事實上他們只是不想讓頻率不對的人靠他們太近。這種精準到不可思議的識人雷達，也使得他們很難找到一個讓他們願意把心打開的人。假如他們感覺約會對象藏了太多東西，或是無法理解他們與生俱來的共感天賦，他們絕對不會去追求對方。其實，一些細微的、貼心的動作，就可以讓你進入這個原型者的心。

共感人原型如果沒有做自我成長的功課、好好保護自己的天賦才能，他們可能會很難對別人表達眞實情感。有時候他們可能無法確定，哪些是他們自己的情緒和需求，哪些是他們從別人身上吸收過來的。

作爲情人，共感人會特意勉強自己去做一些可以讓他們的伴侶開心滿意的事情。假如他們情緒智商不夠高，或是沒有好好清理自己的能量，他們在這段感情裡可能很難感受到愉悅和愛，相反的會躲在爲對方服務的假象裡。

聖杯侍者如果陷入陰暗面，會變得非常不成熟。他們會認爲都是別人惹他們心情不好。當關係開始出現問題，他們很難用一種不激動的方式去面對。他們會把所有過錯都推給別人，並且讓對方跟他們一樣心情變得很糟。

▶壞女孩塔羅和日常女巫塔羅

通常共感人都不會保持單身太久，如果是的話，在他們人生中一定有某個階段是跟人保持著一種相互依賴的柏拉圖式關係。他們會希望從別人身上得到情感上的安全感。假如對方跟他們能夠心意相通，他們的天賦會完全發揮出來，創造力也會達到巔峰。共感人眞的很需要、而且喜歡擁有屬於自己的空間，他們常常需要一個自己的窩、藝術創作室、瑜伽室、冥想空間，讓他們可以回到那裡，把他們從別人身上吸收過來的能量好好清理一下。

爭執吵架完全不是他們會做的事。共感人會把所有的痛苦情緒都吞忍下來，尤其當他們感覺壓力很大，但還來不及有時間去釐清自己眞正的感受時。忍耐到超過極限，他們就會崩潰或是跟對方分手。他們很容易被伴侶激怒，因爲事實上他們已經忍耐許久。對共感人來說，很重要的是，要學習如何讓自己務實、保護自己的能量，不要成爲關係中的情緒出氣筒。

並不是很多宮廷原型會像共感人在面對悲傷時如此心痛欲絕，像是受到千萬噸石頭重擊一樣。很多共感人從小就擔負著他們所愛的人的痛苦，試圖去安慰他們身邊的人，希望對方不要那麼難過。這種模式也會延續到他們長大之後的感情關係中，許多共感人甚至自己都沒察覺在做這件事。處理悲傷是這個原型的人主要的生命課題之一，所以他們注定要在這輩子不斷面對這件事。

◈ 聖杯侍者的完美戀情配對

- 錢幣騎士——軍人——這個忠誠又務實的人跟共感人眞的是完美合拍。當關係出現危機，他們很堅定而且冷靜，非常了解共感人需要空間。他們也會跟對方一起成長。

◈ 聖杯侍者的艱苦戀情配對

- 聖杯國王——冥王黑帝斯——這種關係對共感人來說壓力太大，他們會喘不過氣，因爲這位國王會一直挖他們的痛點。這兩種人最好只維持朋友或師生關係就好。

錢幣國王——總經理

The King of Pentacles—The Manager

這個原型的人在戀愛中會想要去控制一切，而且會成爲操控這段關係走向的那個人。他們會主動安排約會，守時，而且會期待他們的約會也一樣能準時。他們最開心的事情莫過於用禮物來討好約會對象，尤其他們並不是擅長甜言蜜語的人。你也可以從這點去判斷，這個原型的人是不是對你有興趣。對他們來說，甜言蜜語在關係裡面並不重要，時間和行動才是他們看重的。你從他們的肢體語言就可以知道，究竟這段感情有沒有譜。

作爲情人，總經理原型的人會掌握主導權，在床上也是那個較爲主動的一方。你很難開口告訴他們，他們該怎樣更細心、更在乎你一點，因爲他們不習慣「被指教」。如果他們想要跟你發展更進一步的親密關係，會毫不猶豫搶先一步這樣做。

▶日常女巫塔羅和三相女神塔羅

假如總經理原型的人陷入陰暗面，你的生活會很難擺脫這個人的蹤影。他們會變成控制狂，或是嫉妒猜疑心很重，檢查你的電話，不希望你出門時沒有帶著他們一起，甚至可能會變成跟蹤狂。他們根本不知道自己這樣做太超過，也不知道何時該鬆手。他們可能會想要隨時隨地知道你在哪裡、正在做什麼。眞的讓人感覺超恐怖的。

面對悲傷難過時刻，錢幣國王會用幫助別人來度過他們的低潮，而不是直接面對自己的情緒。他們會相當務實，因爲這就是他們處理事情的方式。如果他們覺得自己已經沒辦法改變什麼，會坦然接受，然後試著往前走，不會陷在悲傷之中。他們不習慣在人前顯露自己脆弱的一面。假如你的對象是這個原型的人，而他們對你無話不說，那你該知道，這眞的非常非常稀有。

錢幣國王的完美戀情配對

- 錢幣王后——療癒者——這也是一個非常務實、接地的人，他們的感情可以走得長長久久，只要療癒者能夠開心地讓總經理來主導這段關係。

錢幣國王的艱苦戀情配對

- 寶劍王后——裁判者——因爲雙方都很強勢、不願意屈服，裁判者不會讓總經理用鬼話或迴避戰術來脫身，總經理也沒辦法妥善處理對方的質疑，感情就這樣一點一滴消耗掉了。

錢幣王后——療癒者

The Queen of Pentacles—The Healer

很多人會發現，療癒者原型的人非常有魅力，因爲他們爲人提供了極大的空間。當他們開始追求一個人，很快會讓對方感覺自己被接納、受到重視。他們似乎永遠都有時間去幫助別人，尤其是他們關心在意的人。療癒者不喜歡膚淺或輕浮的人。假如你發現自己喜歡上療癒者，請不要跟他們玩遊戲；要坦白、誠實，展現你的誠意（其實所有的關係都是如此，但這個原型的人是完全不接受任何哄騙的）。倘若你想送禮物給這個原型的人，一定要知道，比起昂貴的鑽石，他們更喜歡一顆漂亮的水晶或是河邊的石頭。

作爲情人，他們可能不是在床上最風騷淫蕩的，但他們絕對會先滿足伴侶，然後才是自己。作爲一名療癒者，對他們來說，性愛就是一種療法和神聖藝術，因此他們會非常認眞看待他們跟伴侶的性關係。這個原型的人會是非常棒的譚崔性愛治療師，能夠幫助人們打開和喚醒失去的親密感，更不用說，在最後到達高潮時是如何地有爆發力了。

▶壞女孩塔羅和慕夏塔羅

假如療癒者不開心，他們可能會讓一家子都跟著不愉快。他們希望自己的聲音被聽到、被認可，全家人才有可能不再籠罩於陰影之下。他們很會記仇記恨，這點他們倒是很專業，而且會跟對方纏鬥，直到他們覺得滿意爲止，完全不管這是否會影響到其他人。「自私自利」肯定是你最常從他們的前任聽到的形容詞。

這位塔羅原型人物喜歡忠實穩定的關係，他們跟同一個人做愛，經常會表現得比一般隨便和人約會還要優。他們喜歡起床的時候身邊是同一個人。他們喜歡創造或傳承家族傳統，也很照顧家人。他們會把自己的家打造成一個舒適美麗的空間。

如果兩人起爭執，他們是屬於那種被動式攻擊型的人，而且沒辦法從對方的角度來看事情。不過，他們很快會失去吵架的動力，因爲身體不太承受得住，如果長時間處在壓力之下，他們可能會頭痛或是生病。

面對悲傷情緒時，療癒者可能會躲進棉被裡，自己去處理情緒，你勸不動他們，也沒辦法關心他們。如果有某個人需要他們，他們會走下床，隨便敷衍一下，但是心不在焉。作爲一名療癒者，他們往往都是優先關心其他所有人的痛苦，長期下來，這可能會讓他們生病，或是精力耗損，假使他們沒有好好關心自己的話。

錢幣王后的完美戀情配對

- 聖杯國王——黑帝斯——這兩個人心心相印的程度，讓他們所有朋友都非常眼紅。他們喜歡深度對話，而且渴望兩人的親密時刻。假如他們的工作跟意識覺醒有關，這對佳偶可以爲其他夫妻和社會提供很大的幫助。

錢幣王后的艱苦戀情配對

- 權杖王后——表演者——他們會永遠跟在這個人身後，追著他跑。他們會盡力去服侍這個人、用心經營他們的關係、付出一切，但最後卻失去自己，精疲力盡。

錢幣騎士——軍人

The Knight of Pentacles—The Soldier

如果你曾經被軍人原型的人追求過，那你一定知道，這個人很可能仰慕你很久了。他們會精心斟酌自己即將對你說出的每一個字，苦心設想各種對話的內容，然後才會對你表露他們的感情。這個宮廷原型跟他們的伴侶是最像朋友的，他們想要深入了解對方的一切。由於他們生性保守，因此很少有誇張的浪漫行爲。你可能不會知道他們正在對你調情。他們心裡所想的一切都會表現在行動上，這是你了解他們感受的方法。他們會一直陪在你身邊，而且一定會實現對你的所有承諾。

作爲情人，軍人原型的人一開始可能很難接受性愛的歡愉和深度的性愛，因此需要多點了解和耐心，但是當他們感覺放心，就會開始卸下防衛。他們一直都對自己太過嚴格，因此剛開始可能很難相信自己值得情人的善待。房事上面，因爲這個原型特質的關係，他們可能表現得有點像機器人，一板一眼。他們喜歡自己原本的習慣，性愛上不會有什麼太大驚奇，所以千萬不要在性愛最後一分鐘建議他們玩什麼奇特的花招。

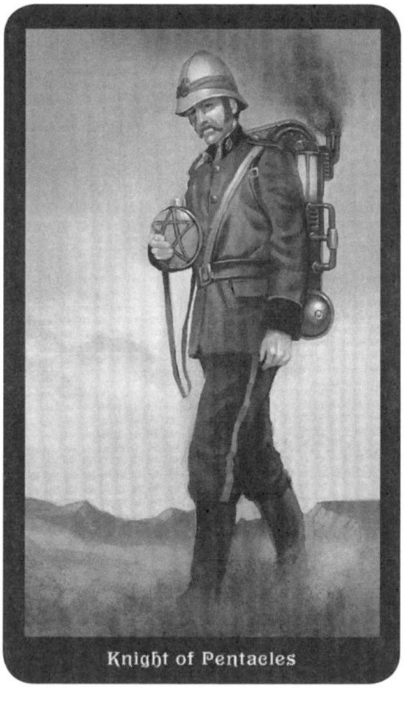

▶日常女巫塔羅和蒸氣龐克塔羅

軍人原型的人如果陷入陰暗面，是很容易得知的。他們會完全心不在焉，雖然如常做自己該做的事，但是心好像在千里之外。他們會把自己的任務和目標置於兩人關係之前。而且會變成一個非常懶散的情人、伴侶以及父母親，把事情搞得很離譜。

一旦對感情許下承諾，就算事情後來變得很糟、兩個人的關係變得很不健康，他們很可能還是堅持下去，因爲他們對於忠誠這件事有著不能抹滅的信仰。他們會幫所愛的人承擔一切，不管好事還是壞事。這個原型的人很需要對方的承諾、堅定和依賴，而且也會以此全心全意回報跟他們在一起的人。讓關係長長久久維持下去，是他們對於感情的根本渴望。

面對爭執衝突時，這個原型的人會立刻進入防禦模式。假如你需要某人來當你的靠山，這會是件好事，但如果跟他們起衝突的對象是你，那就很難處理了。他們很難眞正去傾聽對方說的話。事實上軍人就是喜歡戰鬥，他們如果沒在其他地方找人打架（比如在工作或娛樂場所），往往就會在家裡找人爭吵。如果你跟這個原型的人在一起，然後發現你們時常起爭執，那趕快幫他們報名需要肢體接觸的運動，像是橄欖球隊之類的，可能會有幫助。

◈錢幣騎士的完美戀情配對

- 錢幣騎士——軍人——跟一個和自己有類似經歷、又有相同忠誠準則的人在一起，是有好處的，因爲志同道合，心意相通，自然相處融洽。

◈錢幣騎士的艱苦戀情配對

- 權杖侍者——彼得潘——軍人一方面可能會覺得彼得潘很有趣，跟他們相處起來輕鬆愉快，一方面他們又很希望對方不是那樣的人。當他們慢慢發現，對方其實無法提供他們太多東西來建立兩人穩定紮實的關係時，他們對彼得潘的慾望就會慢慢消退。

錢幣侍者——自然主義者

The Page of Pentacles—The Naturalist

自然主義者會經由你的寵物跟你墜入愛河，你可能會在某個狗狗園區或動物保護所的志工群裡遇見他。假如你不喜歡寵物、動物以及大自然，請不要浪費時間跟這個人在一起。你必須願意跟這個人一起喜歡他的動物才行。約會的時候，自然主義者會想要從事一些有趣的活動，甚至只是走路散步或運動都行。因爲這能讓他們的精力能量集中在一個焦點上。去大自然中散步、登山健行或去海邊走走，都是不錯的約會選擇。

假如你期待跟自然主義者發展親密關係，我希望你會是喜歡戶外野合的人。因爲他們很喜歡。他們很喜歡露營時、爬山途中在星空下做愛。這個原型的人，除了天生喜歡性幻想，也很快會把做愛變成一種習慣，成爲日常例行公事。這不是說跟他們做愛不好，只是它會變成一件例行公事，假如你們雙方不能持續保持感情熱度的話。

▶蒸氣龐克塔羅和慕夏塔羅

自然主義者如果陷入陰暗面，那麼愛他們眞的是一件非常辛苦的事。他們可能會很多事都不想做，而人們通常愛上的卻是他們的潛能，只是這很難得會出現。更挫折的是，他們對自己的愛慕虛榮毫無察覺，會找很多藉口來幫自己開脫，比如時機不對等等。

一旦彼此許下承諾，他們基本上是滿穩定、可靠的，而且行爲很容易預測。你永遠都知道你身邊的這個人會做什麼事，這對某些人來說一點都不是壞事。他們喜歡穩定長久的關係，只要他們的伴侶喜歡動物，而且不介意他們的房子變成動物園。除非跟動物有關，否則他們不太可能去追求那種讓自己馳名天下的職業。

當自然主義者與他們所愛的人起爭執，他們會變得非常幼稚，而且經常表現得像一隻受傷的小動物，張著他們圓滾滾的大眼睛，看著他們的伴侶，臉上表情好像在說「請不要對我大喊大叫好嗎？嗚嗚嗚」。當事情不順他們的心意時，他們標準的反應就是發脾氣，因爲他們其實不太善於處理自己的負面感受。

當他們處在悲傷時刻，家中那些忠心耿耿且可靠的寵物對他們來說是很大的安慰。如果有動物過世，他們情緒受影響的程度會超乎其他所有人。他們會自己躲起來、不想說話，這就是他們面對悲傷的方式。

◈錢幣侍者的完美戀情配對

- 聖杯侍者——共感人——這對情侶可能會有點與世隔絕或似乎太過相互依賴，但由於他們彼此相當欣賞對方，所以這段感情還是可以眞正開花結果。只是，他們最好保有一些彼此以外的朋友，以及個人的興趣，那會更好。

◈錢幣侍者的艱苦戀情配對

- 寶劍國王——科學家——對自然主義者來說，科學家太過冷漠滿沉悶，所以不太適合跟他們在一起。儘管他們兩個人都喜歡大自然，但喜歡的原因畢竟還是不太一樣，這可能會是破壞他們感情的關鍵因素。

權杖國王——企業家
The King of Wands—The Entrepreneur

企業家通常在他們的圈子裡是很有名的人物，因他們有點愛出風頭，而且很會演。總之，他們就是可以把約會搞得很好玩的那種人，因爲他們會讓你大開眼界，看見你前所未見的事物，給你尊榮客戶般的高級體驗。他們會帶你到音樂會的後台，爲你包下一家餐廳。他們人脈很廣，往來都是顯貴人士，而且不會介意向你展示這件事。這個宮廷原型的人很喜歡追逐。事實上，他們喜歡追逐勝過那份感情本身，因此，假如你跟這個人交往，最好不要把他們安排的驚喜和冒險視爲無物，或是不懂得欣賞。

作爲情人，他們渴望歡愉、熱情、專注。他們很喜歡對方給他們這些東西，而且會想要看見你對他們的喜愛與欣賞。所以，跟這個人上床千萬不要害羞或安靜無聲。如果他們的需要被滿足，他們也會慷慨付出一切。如果沒有被滿足，他們會變得非常自私。試著去找出他們喜歡什麼樣的做愛方式。不管用什麼姿勢，他們最終就是想要得到愉快滿足和被稱讚。在臥房裡他們並不介意把主動權交出去，因爲他們生活中的其他每一個區塊都需要他們來關心照料。

▶慕夏塔羅和壞女孩塔羅

企業家如果受到陰暗面的控制，往往會去利用人來得到他們想要的東西。他們會對交往的人抱持相當高的期待，而且你絕對不能辜負他們。他們很容易做出魯莽的決定，把自己搞成單身，因爲他們就是靠著一股衝動在行動和做決定。畢竟，終於有了一個理由讓他們可以爲自己做點事。

企業家在他們的一生當中可能不會只有一段認眞承諾的感情關係。他們其實是對自己以及他們的工作更在意，而不是對其他人。他們會去尋找一個跟他們一樣在工作上具有影響力職位的人，然後希望對方可以成爲他們的靠山，幫助他們進軍世界。

發生爭執時，他們喜歡成爲焦點，因此常常會說大話，偶爾還會放點空氣彈。他們向來就是恣意行事，因此根本不在意開啓爭端。火山爆發之後，他們自己常常很快就忘了，但他們身邊的每一個人卻得幫他收拾殘局。

面對傷心時刻，他們會把自己埋進工作裡。他們會去參與人道和慈善工作，推動一項他們覺得深受感動的事業。他們會大聲疾呼大家來參與，因爲他們想要被看見。

◈權杖國王的完美戀情配對

- 權杖王后——表演者——一個是想要在事業上進軍世界舞台，一個是想要被世界看見。他們喜歡共享兩個人在一起所帶來的影響力和光彩。他們各自想要得到的關注點是不一樣的，因此能夠以夫妻或情侶的角色在工作上合作無間。

◈權杖國王的艱苦戀情配對

- 錢幣國王——總經理——你一定聽過一句老話：「油水是不能混合的」，這就是活生生的例子。對於感情這件事，其中一個要求結構和穩定，另一個則會不假思索地草率做決定。

權杖王后——表演者

The Queen of Wands—The Performer

當表演者原型的人要去追求一個人，一定會讓對方感覺自己是全世界唯一的目光焦點。他們是非常具有領袖魅力的人，而且他們約會交往的對象通常都不太清楚一開始是怎麼吸引到一個這麼優秀的人的。因爲表演者喜歡觀眾，他們一點都不會羞於讓一個人知道他們對他有興趣，而且還會期待對方能夠熱烈回應他。他們會讓你知道，他們想要被人追逐崇拜、想要像獲得大獎那樣被人渴望。一旦你出現在他們的雷達上，引起他們的注意，他們幾乎很少會追不到手的。

作爲情人，表演者溫暖、外向，而且性感。他們對於肉體歡愉興致高昂，還會把他們的「表演者」天分帶到房事上。他們會希望有完美的舞台擺設和環境作爲搭配，讓他們可以盡情演出「獲獎作品」。但這並不表示他們會想在性愛上居於主導地位。在極少數他們願意飾演配角的場合中，臥房可能是其中之一。

▶**日常女巫塔羅和慕夏塔羅**

在情感關係中，如果表演者受到陰暗面的控制，那麼可以預期的是一堆「耍大牌」的行爲將會出現。忘記對方的生日或紀念日，絕對是天地不容！你一定會被唸個沒完沒了。這個宮廷原型的人也是嫉妒行爲的典型代表人物，而且當他們感覺自己不被重視、受到威脅或是受到對方排斥時，可能會做出非常偏激的事情。

假如你不喜歡成爲鎂光燈的焦點，那這個人可能不適合跟你成爲長久伴侶。雖然他們可能習慣成爲眾人注目的焦點，而且也可以隨時踏出鎂光燈範圍，那種行事風格並非每個人都能適應，而且表演者絕不會爲任何人放棄他們的表演藝術。不是因爲他們自私自利，而是因爲他們本來就是這個樣子的人。他們會希望伴侶關心在意他們生活中的一切大小事，即使你們已經在一起很久。如果他們換了新髮型、有了新的刺青，你一定要讓他們知道你有看到。他們渴望自己能夠被重視、被稱讚，這對他們來說意義重大，所以，你一定要告訴他們，能夠成爲他們生命中很重要的一部分，你覺得很榮幸很驕傲。

萬一有一天你跟權杖王后吵架，我希望你知道如何逃生然後自己躲好，因爲當他們覺得被逼到角落走投無路時，會發出雷般的怒吼，令你招架不住。離開、分手並非解決之道。他們會要求你聆聽他們的心聲，就算他們正在氣頭上，你也要專心聽他們講話。吵架的根本原因通常是因爲嫉妒，即使根本毫無來由。

當表演者面對悲傷時，會拚命刷信用卡來讓自己好過一些，要不然就是跟外面的人眉來眼去，在眾目睽睽之下表演情感大戲。在這個空間裡，他們若不是找到一生最棒的藝術作品，要不就是脫軌演出，背離他們的創造天分。

◈權杖王后的完美戀情配對

- 寶劍王后——裁判者——表演者會喜歡跟一個不追逐鎂光燈的人在一起。裁判者原型的人有辦法跟得上表演者的步調，讓他們保有眞實和務實的個性，而且還可以在他們陷入陰暗面、出現過分耍大牌行爲時，把他們拉出來。

◈權杖王后的艱苦戀情配對

- 聖杯國王——黑帝斯——儘管他們會迫不及待想在公共場合撕開對方的衣服，他們的感情可能很快就會蒙上陰影。每次看到表演者開始演戲，黑帝斯就會覺得厭煩，然後可能就會去操縱戲中每一個角色，這些都會讓他們的關係陷入痛苦。

權杖騎士——冒險家

Knight of Wands—The Adventurer

沒有一個宮廷原型人物像冒險家這麼會說故事，因爲他們見多識廣，而且很有魅力，也因此有點危險。他們的護照本蓋滿了出入境章，家裡到處貼滿了異國旅遊照片。他們非常樂意拿自己擁有的一切來追求你。他們自信而且獨立，跟他在一起，他會帶你踏上一段不可思議的美好旅程。

在床上，沒有什麼事情是這位情人做不出來的，戴手銬、盪鞦韆或是性愛酒店裡面的各式花招，他們都不會拒絕。他們對任何事情都興致高昂，喜歡追逐新經驗，因爲每一件事情都是一種探險。你可能不會時時刻刻看到這個情人，但他們眞的很愛傳些浪漫文字訊息給你，而且喜歡有人在家裡等他們回家。對於愛情他們是馬不停蹄、靜不下來的，生活各方面也是。

這個原型的人如果陷入陰暗面，會變成一個四處靠岸停泊的情人。他們會故意跟很爛的人交往，因爲知道這段感情注定失敗，這樣他們就可以多一段擺脫爛感情的故事，算是相當划算。他們常常會從一段關係裡面逃走，留下一堆心碎的人不知道他們自己做錯了什麼。他們也會把自己的恐懼投射在對方身上，讓對方覺得這段感情會結束都是自己的錯，這樣至少他們會覺得好過一點。

▶ 蒸氣龐克塔羅和壞女孩塔羅

承諾和這個原型的人是完全不搭軋的兩個東西。因此，就算他們對情人不錯，而且喜歡有人在他身邊，還是永遠擺脫不了不斷在換地方、尋求新經驗的內在需要。假如你能夠接受遠距戀愛、開放性關係以及性愛實驗，那你們的感情或許有希望。

這個原型的人很喜歡跟他們的伴侶吵架，這眞的對關係很傷。跟自己心愛的人吵架的時候，他們會像一隻被關在籠子裡的動物，來回踱步。如果你想跟你的冒險者原型伴侶談事情，可以約他們去散步或是開車出去走走，然後把事情談開。一個人單獨旅行是他們很在行的事，而跟一個重要的人一起旅行卻可能會讓兩人感情破裂，因爲他們很難把空間讓出來給對方；他們對於體驗和冒險的慾望會凌駕於對伴侶的責任之上，因此會給人一種自私、不體貼人的印象。

面對悲傷時，這個原型的人會用遊戲、喝酒、色情影片、賭博或性愛來逃避現實，而且會深深沉迷其中，以此爲應對機制。也就是說，如果他們化解不了自己的痛苦，就會轉身逃開不去面對。

◈ 權杖騎士的完美戀情配對

- 權杖國王——企業家——這兩個原型的人都熱愛自由，而且經濟生活無虞，因此能放心讓他們的伴侶去做開心的事。他們對於旅行、金錢以及性愛的態度有很多共同點，因此可以讓關係維持長久。

◈ 權杖騎士的艱苦戀情配對

- 聖杯王后——神祕主義者——冒險家會想要去體驗每一件事情、四處去遊歷，而神祕主義者則喜歡待在他們自己的聖地，因爲那個地方像家。不過神祕主義者也知道該怎麼在關係惡化之前趕緊分手，然後躲開這些人，他們不會讓自己心碎。

權杖侍者——彼得潘

The Page of Wands—Peter Pan

這是一個非常調皮愛玩的宮廷原型，所以你跟他們約會時，絕對會驚喜連連。一大堆好玩的活動、復古運動、懷舊電影、音樂會，每一個片刻都非常享受。雖然他們經常有點瘋瘋癲癲，但還是非常有魅力，很多人都會被他們迷走。他們會對你展開崇拜式的熱烈追求。他們往往嘴上說得好聽，實際上卻經不起考驗。

▶日常女巫塔羅和蒸氣龐克塔羅

在房事方面，遊戲和角色扮演會讓他們「性趣」高昂，在公共場所以及任何有被抓到的風險的地方做愛也是。他們會大膽接受挑戰，而且會希望對方也跟他們一樣充滿冒險精神。不幸的是，他們永遠都不知道挑戰極限、逾越限度有多麼危險，因爲他們會一直提高賭注。

在感情中，如果他們陷入自己的陰暗面，會一直說謊、欺騙對方，讓對方覺得自己根本就是被耍了。他們不了解爲什麼對方無法接受他們所做的事情，他們只會聳聳肩，然後繼續我行我素。他們會變得非常幼稚、不成熟，有時候甚至骯髒卑劣。

假如他們對一段關係付出承諾，那可能不會是在初戀，也不是最後那個戀情。他們一生當中會跟超過一個對象生小孩，而且會舉行很多次婚禮。等到他們做好準備、眞的想要定下來，大概都已屆中年。一旦他們跟自己眞心相愛的人在一起，他們就是眞心的。但他們不會經常有這種持久力，因爲經營一段感情對他們來說就像做苦工，他們是不會讓自己活得那麼辛苦的。

面對爭執時，他們表現得像小孩子，任意發脾氣、罵人、迴避問題，而且永遠不會爲自己做錯的事情道歉。就算道歉了，也不是眞心的，他們下次還是會再犯。更偏激一點的話，他們可能會變成霸凌對方，直接去攻擊對方的弱點。贏了吵架，卻輸了感情。

面對悲傷痛苦時刻，他們會表現得很不成熟，大發雷霆、生氣噘嘴，而且根本不想面對。他們只想要別人來安慰，或是希望別人來關心。他們表現出自己好像很受傷的樣子。反正他們就是沒那個頭腦去化解問題。

權杖侍者的完美戀情配對

• 權杖侍者——彼得潘——他們因爲長不大和無法掌控自己的人生，可能會讓對方擔心，但這兩個人在一起，生活永遠不會感到沉悶。

權杖侍者的艱苦戀情配對

• 權杖國王——企業家——在這段關係當中，成熟的一方可能感覺自己好像永遠追著一個小孩子跑，因此很快就會厭煩，不管這個彼得潘原來有多迷人、多有辦法讓對方感覺自己很年輕。

寶劍國王——科學家／專家

The King of Swords—The Scientist /Specialist

如果你想追求這個原型的人，那你一定要非常積極，明顯表現出你對他們有興趣，如果你只是跟他們眉來眼去調情，或是用隱微的暗示，那他們是不可能懂的。科學家覺得聰明就是一種性感，但他們還是希望自己比他們交往的對象更聰明一點，或者至少要在不同領域工作，這樣他們才能夠始終保持在領先地位。在社交方面，假如你硬是強迫他們跟你約會，他們可能會隨便應付一下，但假如你是他們非常喜歡的對象，你會發現，他們好像是帶你去天文台看星星一樣，讓你驚奇連連。

▶慕夏塔羅和壞女孩塔羅

作爲情人，我希望這個原型的人能讀懂這個主題。假設他們有性衝動，大部分的精力可能會花在努力把工作完成，或是去治療某種罕見疾病（隱疾）。他們想要去討好對方，而且會是一個很好的情人，部分原因是他們不喜歡失敗。他們可能不會是那種會寫情詩給對方，或是做一大堆浪漫動作的情人，但他們在床笫之間眞的是一流的。總之，他們在這方面似乎沒什麼灰色地帶，他們對一個人有沒有興趣，從他們的表現可以清楚看得出來。

如果科學家在關係中陷入陰暗面狀態，會很想要去掌控他們的伴侶，甚至包括對方跟他們一起生活的每一方面，比如所有的資訊、財務狀況都要開誠布公，而且會想要去控制對方的資產。他們也可能會變成那種用言語虐待、操控伴侶的人，甚至在公共場合給伴侶難堪。有時候，還會把他們愛的人關在門外。

如果你跟這個人進入穩定關係，最好能夠一直保持情感上的聯繫交流。他們眞的認爲自己知道什麼東西才是對他們伴侶好，尤其是如果他們在工作上屬於有影響力的管理階層，會認爲自己所做的一切都是爲人們好。他們是相當忠心的伴侶，也能夠提供對方好的物質生活，但他們也會想在這份關係裡居主導地位，家中大部分的重大事情都是由他來決定，比如小孩子該上哪一間學校。

這個原型的人，很少會跟他們的伴侶吵架。如果他們眞的跟對方起爭執，會開始翻舊帳，每一筆都記得清清楚楚，所以，如果你要跟這種記性超級好的人吵架，要有心理準備。他們會非常固執、缺乏同情心，要讓他們了解你的立場可能會很困難。

傷心的時候，科學家會把自己埋到工作、宗教、靈修或是研究裡，但這通常沒辦法眞正解決他們的痛苦。他們會變得完全不關心外面發生什麼事，也不太會理睬身邊的人，他們會選擇疏離一切人事物。

◈寶劍國王的完美戀情配對

- 寶劍王后——裁判者——雙方都是因爲覺得對方很聰明而被吸引，幸運的是，他們也能給彼此留下很大的空間。他們很能配合對方的腳步，也能彼此良性競爭。因爲雙方都能理性論事，因此能夠維持非常好的關係。

◈寶劍國王的艱苦戀情配對

- 權杖侍者——彼得潘——科學家會覺得彼得潘這種人是地球上最煩人的東西，彼得潘則會一直想去作弄這個老古板。還不如各自去找適合的人比較痛快些。

寶劍王后——裁判者

The Queen of Swords—The Judge

如果這個原型的人對你有興趣，他們一定會主動找機會靠近你。如果可能，他們會安排機會讓你可以看到他們工作的情況，因爲這是一個贏得你好感的機會，他們知道自己在工作上表現非常出色。對於你的反應，他們表面上可能會裝作不在意，但其實非常在乎你的想法。裁判者原型的人喜歡帶你去參加他們有興趣和支持的社交與慈善活動。如果你看上這個人，想要追求他，一個不錯的方法就是趕快去認識他的朋友。

作爲情人，裁判者會老實告訴你，他們在床上喜歡什麼和不喜歡什麼、你該做什麼事，以及該持續多長時間。他們喜歡煽情的髒話——如果他們在床上有什麼變態怪癖，請不要被嚇到。這是一個喜歡談戀愛而且希望性生活可以非常美滿、刺激、有趣的人。

如果這個人在感情中陷入陰暗面，有三個字眼可以形容：冷漠、操控、殘酷。他們不僅會像一個專家那樣對你情緒操控，整個過程還會把你搞得非常混亂。假如他們心情非常不好，變得很不理性，會阻止你跟你的家人朋友聯絡，這樣他們才能完全控制你。

在健康穩定的關係中，他們會非常忠誠，假如你打破他們的信任感，他們就再也沒有回頭的可能。感情會變成他們生活中很大的重心。他們不太喜歡把關係中遇到的問題拿出來說，以保持表面和諧。作爲一個有點非黑即白個性的人，他們會想要清楚知道，現在跟他們建立長遠關係的這個人，是眞的想跟他們長長久久在一起。

▶日常女巫塔羅和三相女神塔羅

遇到爭執時，裁判者就是大自然的力量，非常猛烈。跟這個人吵架之前，你可能要再多想一下，因爲你即將面對的，是一個帶有辯才基因的人。他們有辦法用他們的話語把你砍成兩半，而且一方面保持著冷靜和自制，同時像連發的機關槍對你發出猛烈的炮火攻擊，讓你完全招架不住。他們其實不是時時刻刻都喜歡戰鬥，只是一旦開戰，幾乎很少會輸，儘管每次吵完架都會和好，你還是無法不在意一些事情。

面對傷心難過時，裁判者會讓自己去接觸一些美麗的東西和各種形式的藝術——而且不斷跟他們的朋友談他們的感受。或者，他們可能會連續花好幾個小時，把事情全部寫在日記上。對於自己信任圈之外的人，他們會努力裝作自己沒事。

◈寶劍王后的完美戀情配對

- 寶劍王后——裁判者——兩個裁判做不出正確判決？錯！這兩個人或許在團隊裡會吵到快翻掉，但他們似乎相當了解彼此。通常來說，這個原型如果配對成功，他們雙方的工作差不多都已經有點成就，也經過相當的歷練，足以讓他們在感情上維持和諧。

◎寶劍王后的艱苦戀情配對

• 聖杯騎士——浪漫情聖——雖然浪漫情聖會竭盡所能爲寶劍王后描繪一幅美麗的未來圖像，但他們還是能直接把浪漫情聖看穿，而且不會花時間跟他們玩遊戲。當然啦，短暫戀情也是有可能的，但絕對不會長久，畢竟那只適合浪漫情聖。

寶劍騎士——戰士

The Knight of Swords—The Warrior

說到追求伴侶，戰士最熱愛的一件事情莫過於向人求婚。你愈故作矜持，對這個原型的吸引力就愈大。允許他們來追求你，不是因為你應該跟人玩遊戲來贏得他們的感情，而是因為這是一件他們真心樂在其中的事情。不過，有時他們追求的力道也會有點過狠，會讓那些不習慣強勢力量的人覺得承受不住。毫無疑問，這個人為你著迷，不用懷疑。他們會毫無遲疑地邁出第一步。

戰士是那種把性視為神聖之事的情人，雖然他們不是唯一有這種想法的原型，但對於他們選擇以這種方式交融的人，他們會非常謹慎。他們會培養氣氛，一步步慢慢來。一旦選定伴侶，他們也會願意嘗試各種做愛方式，只要沒有違背他們的精神準則。他們喜歡為做愛增添一點情趣，甚至讓他們的伴侶來計畫一些特別的東西。他們可能需要一些指導，但愛情本身就是挑戰，就算在床上也一樣，目的都是讓彼此開心。

假如他們陷入陰暗面，會變得非常自大、主宰欲很強，而且喜歡爭論。他們完全不在乎自己這種行爲會帶給伴侶什麼影響，遇到需要做決定的事情，會有一種「不喜歡你就走啊」的心態。他們也可能變得很自私，言語非常刻薄。他們往往會跟一些人斷斷續續發生關係。

在感情上定下來？這個原型的人可能不太會喔。他們很難定下來，再加上如果你們沒有相同信仰或走同一條靈修道路——或至少要有共同熱愛的事物，如果都沒有，那更是不可能。假如你眞的打算跟戰士維持長久關係，你可能會面臨很多時候都是自己一個人。他們大多數時間都在做自己的事情，不會陪在你身邊。他們也可能希望你跟他們一起踏遍全世界。

▶慕夏塔羅和日常女巫塔羅

跟他們的愛人發生口頭爭執時，戰士很快會失去耐性。他們會馬上展露個性中主宰力的那一面，試圖要對方閉嘴，用高高在上的權威來結束對話。他們知道對方藏在盔甲之下的弱點，而且會毫不遲疑瞄準那個部位加以進攻。假如他們不擅長口頭攻擊，那大概會氣沖沖轉身離開，然後自己跑去揍沙包來洩憤。他們需要空間讓自己冷靜下來、好好想清楚，然後才有和解的可能。

傷心難過時，他們會變得非常安靜。很可能他們心裡想的是，爲什麼自己那麼蠢。他們會把一切失敗攬在自己身上，認爲只要自己克服對方離開的原因，就可以避免悲劇發生。如果可以的話，試著讓他們把話說出來。一旦把內心的糾結解開，他們的心情就會好一點。

◈ 寶劍騎士的完美戀情配對

- 錢幣王后——療癒者——這兩人相處非常融洽，因爲他們在一起能夠相互各取所需。療癒者會陪在戰士身邊幫他療傷，無論是肉體上或情緒上的傷害，而戰士會保護療癒者關心在意的一切，包括他們自己本身。

◈寶劍騎士的艱苦戀情配對

- 寶劍國王——科學家／專家——一個是整天都在想事情，而且可以好幾天都不開口說話，另一個是沒辦法克制一直說話的衝動。寶劍國王太過小心謹慎，寶劍騎士太過魯莽躁進；他們會互相把對方搞到抓狂。

寶劍侍者——偵探

The Page of Swords—The Detective

偵探原型的人知道關於你和你家庭的一切，有些事甚至連你自己都不清楚，因爲他們有很強的觀察力，而且非常善於使用估狗（Google）。雖然這不是什麼風評太好的求愛技術，他們還是忍不住會做這件事。如果他們沒有對一個人展開身家背景調查，可能也會四處向人打聽這個人的消息。一般來說，偵探是很棒的約會對象。他們聰明機靈、很會鼓勵人，而且眞的非常有趣。他們會仔細聆聽和記住每一件事情，讓他們的約會對象感覺自己受到特別重視。不過，他們也會把你的胃口養大（變得欲求不滿）。

作爲情人，偵探原型的人不管有沒有性愛，他們都可以接受。因爲他們更在意的是兩個人內心的距離，以及/或是彼此在專業工作上能夠合作無間，勝過激烈的性愛。這不是說他們永遠都不會踏入婚姻、生養小孩，而是他們的性慾可能沒有那麼強。他們很需要另一半來哄他們，如果對方做不到，他們可能會在關係進展之前就選擇分手。

當偵探陷入陰暗面，會把自己完全封閉起來，不跟任何人接觸。他們會活在自己的世界。變得對另一半太過挑剔，在生活中容易猜疑別人。而且他們很容易嫉妒，對於別人的情感需要完全沒有察覺。

在穩定的關係中，偵探會花時間去認識、了解他們的另一半。會想要成爲對方生活的一部分，然後幫助對方實現夢想。或許他們無法給對方最剛強有力的情緒支持，但絕對是非常稱職的傾聽者，而且非常坦白誠實。

跟情人發生爭執時，他們很容易發怒，而且情緒變得很誇張。他們會先假定「只有我單獨與他們對抗」的立場，然後期待假如有關係之外的人來找他們麻煩，他們的另一

▶蒸氣龐克塔羅和壞女孩塔羅

半會自動站在他們這邊。非黑即白。當他們試圖在爭執中提出自己的想法時，態度會非常強硬，立場絲毫不會動搖，除非事實已經擺在眼前，無法再辯解。即使是這樣，他們可能還是會拒絕接受。

面對悲傷時，這個原型的人會憤怒地批評整件事，直到找出他們可以責怪的對象。一切都是別人的錯。如果遭受不平之冤，他們會因爲損失而變得不知如何應付。

◈寶劍侍者的完美戀情配對

• 寶劍國王——科學家／專家——雙方都非常熱衷於工作，會提出很多問題來找出最佳解答。他們都不會擔心對方工作加班太晚，只要偶爾可以實際看到對方，讓情感火花不致熄滅就行了。

◈寶劍侍者的艱苦戀情配對

• 聖杯王后——神祕主義者——很不幸的，偵探不會花時間去了解神祕主義者，或聽他們傳教。由於這是神祕主義者內在本質的一部分，因此他們的關係大概無法維持超過幾個禮拜或幾個月。

練習

宮廷人物愛情路線圖

這個練習可以讓你回顧，過去你曾經交往的對象是屬於哪些愛情原型。從中你可以看出，自己是否不斷在跟相同類型的人交往。也可藉此看到塔羅宮廷人物在生活中的實際模樣，當你在塔羅占卜中出現這些牌，會更容易想起他們的含義、可能有的反應以及行爲模式。

從這個練習得到的資訊，只是宮廷牌的其中一層含義，你可以把它加入你所建立的塔羅宮廷人物目錄當中。

這份問題表的設計有點像是一張路線圖，透過視覺呈現，讓你清楚看到自己曾經在愛情上走過的路。

愛情路線圖問答以及進階探索

你的初戀對象是誰？

你認爲自己現在最像哪一個原型？

當你陷入陰暗面，你的表現最像哪一個愛情原型人物？

你認爲你的愛情原型可以教給你什麼功課？

如果你現在有對象，你的伴侶是哪一位愛情原型人物？

對於他們你有沒有什麼新的認識？

如果你目前單身，會想要跟哪一個愛情原型在一起？爲什麼？

哪一個愛情原型你不想跟他在一起？爲什麼？

練習

尋找新戀人的塔羅牌陣

這個塔羅牌陣是運用塔羅宮廷原型的資訊，幫助你了解一些資訊，找出你自己或問卜者生活中即將出現的新戀人可能會是誰。對於從來不使用塔羅牌預測的占卜師來說，可以把它當成一次有趣的自我反思練習，或許它會是一次很棒的機會，讓你開始涉足占卜預測的領域。

你可以利用這本書裡的資訊，爲每一位宮廷人物的性格賦予血肉，比如他們戀愛時會怎麼樣，以及當你遇到新朋友時該怎麼觀察對方是否適合。

1. 選一副你喜歡的塔羅牌，把宮廷牌全部取出來，其餘的牌暫時放在旁邊。

2. 把十六張宮廷牌握在手中，閉上眼睛，心裡想著，你希望遇到新戀情，請把那個人帶到你的生命中，如果你對於創意視覺化冥想很熟練，可以用這個方法把你理想中的未來情人勾勒出來。我個人強烈建議，不要特別去想任何一位已經存在於你生活中的人，因為那會干擾這次的占卜。最好保持開放，不要鎖定在你已經有興趣的人身上。他們會自己跳出來。

3. 延續這個冥想狀態，然後開始洗牌。洗好之後，將所有宮廷牌扇形攤開，然後選擇兩張最吸引你的牌。把這兩張牌分別放在下圖牌陣當中A和B的陣位。

4. 現在，把剩下的宮廷牌放回整副牌中，重新洗牌，直到你覺得全部的牌都已經洗乾淨。然後把全部的牌攤成扇形、或是用切牌的方式選出三張牌，分別放在下圖牌陣當中 1、2、3 的位置。

陣位A. 代表你未來伴侶的外在性格，也就是他們在大眾和工作場合所展現的那一面。

這是大多數人所認識的他，也是你們第一次相遇時會看到的他。

陣位B. 代表你未來伴侶的內在深層性格。從這張牌你可以知道他們如何表達和處理自己的悲傷，以及那些讓他們糾結困擾的陰暗面。這也是蘊含天賦潛能靈魂本性的一部分。

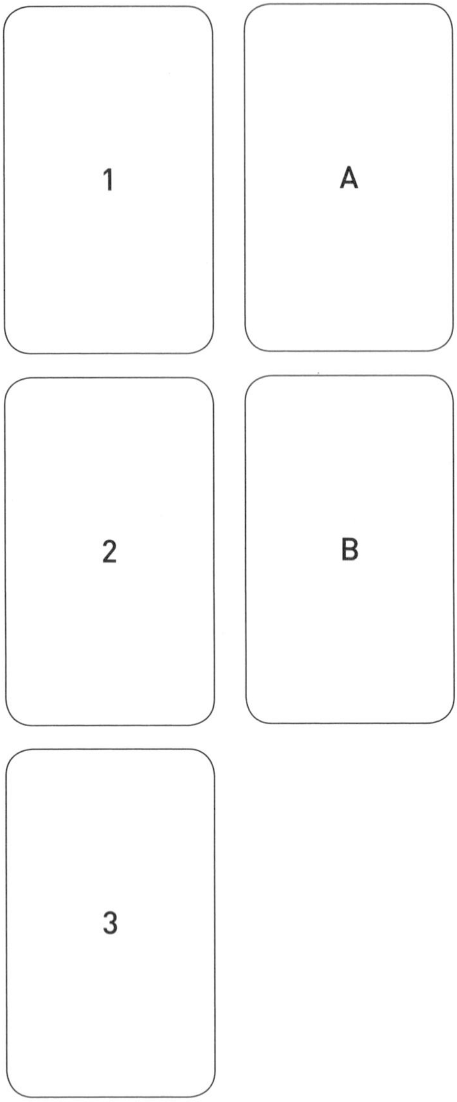

陣位 1. 代表他們的工作。可能是他們實際上從事的工作，也可能需要去挖掘才知道。牌組可以給你更多線索，還有這張牌在這個牌組的位階，都可以給你一些頭緒。

陣位 2. 代表你們是在什麼情況下相遇。

陣位 3. 代表你跟這個人發展關係會碰到的主要功課或主題。

練習

療癒情傷的塔羅牌陣

這個塔羅牌陣和練習，可以幫助你療癒情傷，從過去的感情中完全走出來。你可以自己一個人完成這個練習，但如果有機會的話，也可以跟前男友（或前女友）一起做，我個人相當推薦你把這個練習當作一種深層的揭露和療癒經驗。我的建議是，在你情緒還很不穩的狀況下，請不要跟前任一起做，因為可能會太刺激，導致占卜結果模糊不清。有時候你應該躲開前任，像躲瘟疫那樣，離得遠遠的。畢竟，你們會分手是有原因的。

這個練習的目的，不是在窺探你的前任，想知道他們現在過得好不好。這是一個療癒性質的練習，是爲了讓你把這段感情眞正地了結，把過去遺留下來的負面情緒都留給過去，不要帶到你的下一段關係中。

在練習之前，請先決定你要用什麼方式來做這次的占牌。是想要用預言式占卜法，全程牌面朝下，洗牌、切牌、然後揭牌，還是想要用直覺式圖案占卜法？直覺式圖案占卜法就是，將整副牌牌面朝上，一張一張看，然後根據牌面圖案和你的直覺來選出最能代表這個牌陣每一個陣位意義的牌。

做這個練習，你需要準備兩副牌。

1. 先選擇其中一副牌，把宮廷牌全部取出來，剩下的牌暫時放在旁邊。

2. 宮廷牌洗牌，然後抽出一張牌，或是用直覺法選出一張牌來代表那段關係裡面的你，作為指定牌，放在指定牌 A 的位置。

3. 拿出第二副牌，重複前兩個步驟，把這張牌放在指定牌 B 的位置，或者讓跟你一起占卜的人（比如你的前任）用這副牌來執行前兩個步驟。

4. 把其餘的宮廷牌分別放回原本的那副牌中。

5. 拿起第一副牌，重新洗牌，讓宮廷牌跟其餘的牌徹底混合。一邊洗牌，一邊把注意力放在這段關係當中的你，你的經驗感受、你的能量狀態以及你在整個關係中所扮演的角色。洗好牌之後，切牌，然後依照下方牌陣當中的數字順序把牌放上去，或是用直覺式選牌法選出五張牌，分別放在 1 到 5 的位置。

6. 拿起第二副牌，重新洗牌。現在把你的注意力放在你前任的能量狀態和他在關係中的角色。洗好牌之後，切牌，然後依照下方牌陣當中的數字順序把牌放上去，或是用直覺式選牌法來選牌，分別放在 6 到 10 的位置。假如你是跟另一個人（比如你的前任）一起做這個占卜，可以讓他們自己用這副牌來執行這些步驟。

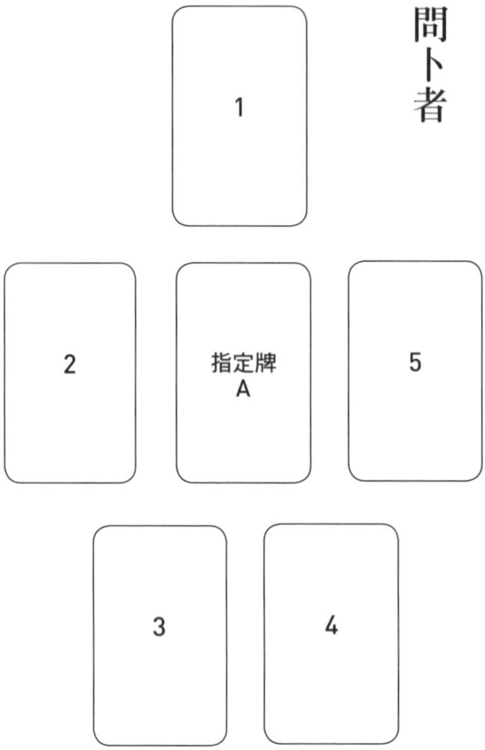

前任

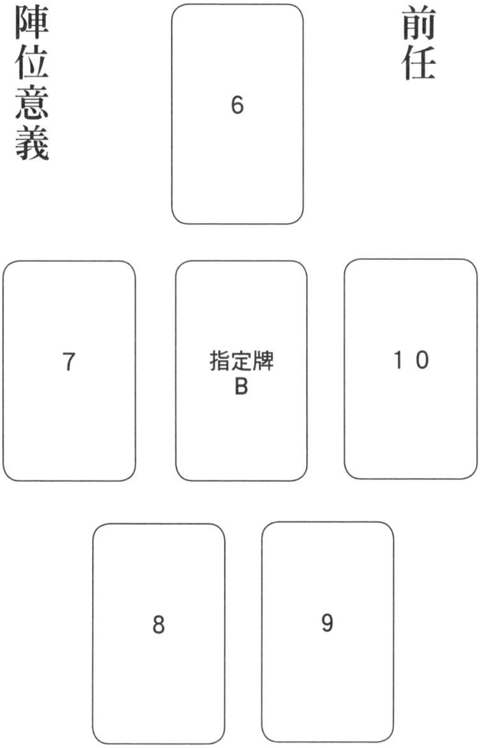

陣位意義

1和6——面具——讓這段關係無法癒合的表面難題

2和7——過去——至今仍牽動兩人關係的過去事件或信念

3和8——放下——爲了讓這段關係可以往前走，需要原諒或放下的事情（即使你們兩人已經不會再跟對方感情復合）

4和9——創傷——你希望對方知道、聽到或是了解的事情

5和10——下一步——爲了讓你們雙方都能夠復原，下一步該怎麼做

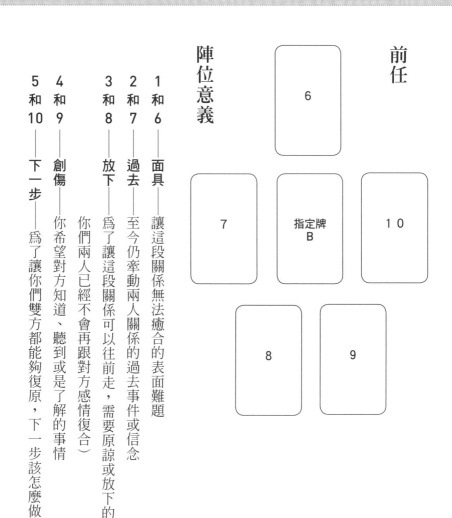

Chapter10

宮廷牌與
流行文化角色人物

Tarot Court
Pop Culture
Representations

每一個人的心靈和頭腦裡面，都活著千百萬個奇妙荒誕的幻想角色。他們透過電影、漫畫、電視、電動玩具以及書籍來到我們心中，形塑我們觀看世界的方式。塔羅和流行文化圈的關聯也逐年日漸緊密。我們有各式各樣同人創作套牌，現在甚至還出現了爲支持某些人氣電視節目而設計的塔羅套牌。

以下就來談談這些流行文化戲劇角色和塔羅宮廷原型的關係，把他們一一對照。你或許會有不同看法，那也沒關係。這些都只是我們在解牌上的一種參考。如果可以用戲劇角色來看這些宮廷人物，也許更能夠深入這些紙牌的含義。對於經常記不住宮廷牌含義的人來說，這也是一種很棒的學習方法。

雖然我個人認爲塔羅宮廷原型人物的性別是中性的，但這不太容易在大眾流行文化中找得到代表，因此每個原型我都提供好幾個例子，希望可以達到一點平衡效果。本質上來說，這些角色有善有惡，相當有助於我們了解一個宮廷人物的陰暗面與光明面。

很多故事裡面都有類似的原型人物，這是爲什麼我們沒有把每個角色都拿出來談。我希望這是一個起頭，透過實務經驗，你也可以開始去累積一長串流行文化與宮廷人物的對照名單。

角色本身如果沒有一直演進、成長，人們也會對他們感到無聊厭煩。所以，爲什麼我們要持續花時間去關注這些角色、他們的世界以及他們的冒險旅程，這是其中一個原因。因此，雖然他們可能會隨著自己的成長而變成另外一種宮廷原型，以下所舉的這些例子依然具有正確性，相當有參考價值。

寶劍國王——科學家／專家

「小惡魔」提利昂．蘭尼斯特——（權力遊戲／Game of Thrones）——提利昂（Tyrion）永遠是一群人當中最有智慧的一個，而且對於自己的聰明才智一點都不謙虛，因爲這就是他的盔甲。雖然天生就是聰明的人，他依然努力自我充實，以知識來裝備自己。他是王公貴族領導者們的傑出顧問，也是一名非常優秀的戰略家。《權力遊戲》當中另一位聰明的寶劍國王是「蜘蛛」瓦里斯（Lord Varys）。

史巴克——（星際爭霸戰）——寶劍國王一直都是我的史巴克牌。聰明、專注、十足的領導者風範、全心奉獻於工作的人。因爲具有一半外星瓦肯人的血統，因此邏輯理性遠高於感性，他的所有行爲和言語當中都攜帶著這個過濾器。

其他科學家原型人物——謝爾頓．庫珀（宅男行不行／The Big Bang Theory）、布魯斯．班納／綠巨人浩客（漫威漫畫系列）、愛默．布朗博士（回到未來）

你自己選出的科學家原型人物角色：

寶劍王后——裁判者

瑟曦．蘭尼斯特——（權力遊戲）——擋住這個女人的路，你絕對會被她判定是罪大惡極之人。她還可能把你的頭砍下來，但她絕不會是那個實際把手弄髒的人。瑟曦就是寶劍王后陰暗面的最完美例子。聰明、殘酷、狡猾，而且絕不認錯、絕不服輸。她知道何時該開口、何時該閉嘴保持沉默，也知道該說哪些話來得到最終想要的東西。

米蘭達．霍布斯——（慾望城市影集）——這位能力強大、位高權重的律師，經常被慾望城市粉絲認爲是四位主角當中批判性最強、最憤世嫉俗的一個。她始終把事業擺在第一位，卻爲此掙扎不已，經常用理性的角度去看事情。她也對朋友非常忠誠、非常關心，只要朋友有難，她絕對毫不遲疑，帶著她聰明的法律頭腦和善於傾聽的耳朵前去幫忙。

你自己選出的裁判者原型人物角色：

寶劍騎士──戰士

神力女超人──（DC漫畫）──二〇一七年有了眞人電影版，神力女超人近乎是戰士原型的完美實例。雖然從小就受到非常嚴格的訓練，身邊的人也都是戰士，但她卻沒有一點暴戾之氣。她的言行舉止都發自她的心靈（即使在第一次世界大戰的年代，並沒有太多女性會這樣做），而且她知道自己存在的理由就是保護別人。她可說是戰士原型的完美化身，理性與感性兼備。

李振藩／李小龍──（《龍爭虎鬥》和《李小龍：死亡遊戲之旅》）──李小龍所有的電影角色幾乎可說都是戰士原型的典型代表人物，不過，李小龍本身就是一位傑出的戰士。從頭到尾都只有一個李小龍。看他主演的影片、傳記電影以及紀錄片，或是讀他的書籍，你就可以直接體會到什麼叫做「戰士」。

其他戰士原型人物──新娘（追殺比爾：第一、二集）、洛基·巴波亞（洛基）

你自己選出的戰士原型人物角色：

寶劍侍者——偵探

夏洛克．福爾摩斯——（亞瑟．柯南．道爾的偵探小說福爾摩斯）——雖然這位偵探並沒有眞正在執法部門工作，但他確實是偵探原型的典型代表人物。他多次跟蘇格蘭場（倫敦警察廳總部）合作辦案，而且動作往往比警方早一到三步，能夠承辦警方辦不了的事。他完全不說廢話，直接就給出推論和解決方案。這人有怪癖，而且常常看不懂社交隱喻，因此絕對是屬於侍者。他可說是歷史上最著名的偵探角色之一。

南茜．茱兒——（卡洛琳．基恩的南茜．茱兒偵探系列／Nancy Drew Mystery Series by Carolyn Keene）——這位少女偵探跟福爾摩斯一樣具標誌性，她聰明、勇敢，超乎她實際年齡，啓發了當代很多類似角色。個性獨立、善於說服人，而且自給自足，這個角色個性歷久彌新、不斷精進，影響了好幾百萬人。

其他偵探原型人物——路德探長（Luther）、費雪小姐探案集（Miss Phryne Fisher）、偵探小天后（Veronica Mars）

你自己選出的偵探原型人物角色：

錢幣國王——總經理

茱兒——（高年級實習生／The Intern）——雖然這部電影帶有一點千禧世代夢想，茱兒發現，她不該只是一味拓展事業，也要顧及對員工的責任。她不僅必須面對一家成功的公司所需面臨的挑戰，同時也必須學習如何兼顧她的家庭生活。儘管一大堆缺點、挑戰等等，對她的員工而言，她依然是一位很棒的總經理，而且對於公司的發展願景始終忠於自己內心的感受。

唐老鴨（Scrooge McDuck）——（創作者卡爾．巴克斯）與史古基（Ebenezer Scrooge）——（查爾斯．狄更斯小說《小氣財神》的主角）——爲什麼把這兩個角色放在一起，因爲唐老鴨就是受到小氣財神史古基這個角色的啓發而來的，而且實際上比小氣財神這個角色更正面。這個角色一開始確實是有點吝嗇，但是最後卻完全變了一個人。他變成杜兒、路兒和輝兒很喜歡的唐老鴨叔叔，大方分享自己的金銀財寶。而小氣財神在變成好人之前，也是個貪得無厭的人。這個小氣吝嗇、性格怪異又獨來獨往的商人角色，讓我們看到，如果我們的心被貪婪佔據會變成什麼模樣。

其他總經理原型人物——羅恩．斯旺森（公園與遊憩／Parks and Recreation）、杜懷特．舒魯特與麥可．史考特（爆笑辦公室／The Office）

你自己選出的總經理原型人物角色：

錢幣王后——療癒者

女醫生奎恩——（荒野女醫情／Dr. Quinn, Medicine Woman）——勇敢前往西部荒野開拓是一回事，領養三個小孩、又說服全鎮的人妳不該被燒死在火刑柱上，又完全是另外一回事。這部美國影集一共演了六季，後來也改拍成兩部電影。女醫生奎恩是一位深受愛戴和具有開拓精神的療癒者。

「鷹眼」皮爾斯上尉——（外科醫生／M*A*S*H）——鷹眼是美國電視史上最令人懷念的醫生角色之一，這部影集一共播了兩百五十集。嚴峻的環境再加上必須不斷與生命搏鬥，不只是病人，更是「第4077行動陸軍外科醫院」所有成員必須共同面對的考驗，這群人也成就了這個具有堅忍耐力的療癒者原型。

其他療癒者原型人物——醫官麥考伊（星際爭霸戰）、格瑞利．豪斯醫生（怪醫豪斯）、千德勒醫師（波城杏話／St. Elsewhere）、卡拉．伊斯皮諾薩護士（醫院狂想曲／Scrubs）

你自己選出的療癒者原型人物角色：

錢幣騎士——軍人

約翰．米勒上尉——（搶救雷恩大兵）——比大多數人經歷更多肉體的、心理的、情緒上的磨難，只因爲背負任務在身，米勒上尉肩上擔負許多責任，以極爲嚴肅認眞的態度承擔自己的角色。他在自己的職責上做出了最大的犧牲。

阿甘——（阿甘正傳）——這是一個充滿愛與忠誠的角色。他對自己的愛人和國家都忠心耿耿。當他決定做一件事，他就去做了，無論在身心靈上會遭遇多少困難挑戰。

其他軍人原型人物——獨行俠米契爾上尉（捍衛戰士）、威廉．詹姆士上士（危機倒數／The Hurt Locker）

你自己選出的軍人原型人物角色：

錢幣侍者——自然主義者

魯霸．海格——（哈利波特系列）——半巨人海格對動物的愛就跟他的體型一樣巨大。海格為人可靠、仁慈、心地善良。不過，當他天真地把自以為安全的動物帶去給孩子們看的時候，又顯得非常幼稚。由於不願把自己心愛的寵物（一隻巨大的蜘蛛）交出來，因而被開除，後來被鄧不利多留下，擔任霍格華茲的鑰匙管理員和獵場看守。

哈比人——（魔戒系列）——哈比人非常務實而且單純，幾乎不會去做那些別人看起來像是冒險的行為。他們喜歡大自然園藝，喜歡動植物以及任何會生長的東西。他們以耕作維生，生活非常單純。儘管有幾位重要的哈比人角色也從事過一些冒險舉動，他們依然保有簡單樸實的心。

其他自然主義者原型人物——醫生杜立德（Dr. Dolittle）、羅雷司（the Lorax）

你自己選出的自然主義者原型人物角色：

權杖國王——企業家

歐普拉．溫芙蕾（Oprah Winfrey）——如果歐普拉的故事有拍成電影，她絕對會是我的首選。她是大眾文化的偶像型人物，因此我把她列在名單裡。身爲家喻戶曉的媒體界巨頭，她確實是企業家這個原型的最佳代表。

丹妮莉絲．坦格利安——（權力遊戲）——丹妮莉絲一開始只是一無所有的軟弱女孩，到最後變成一名傑出的領袖，也許在我這本書出版之前，冬天結束後她就會是七個王國的統治者了。我選擇她作爲企業家原型的代表人物，因爲她不僅有辦法號召大量支持者，更經常是一人踽踽獨行，去做那些別人連想都沒想過的事情，而且成爲她自己王國的統治者。當然另一個原因是，她擁有三條巨龍。

史蒂夫．賈伯斯——（賈伯斯茲／Jobs）——不管你喜不喜歡蘋果，賈伯斯確實改變了世界，把科技成功轉型成一種生活方式。這條成功之路充滿艱難險阻，一路上充滿不確定。不過，他終究是創造了獨樹一格的巨大品牌。

其他企業家原型人物——喬伊（翻轉幸福／Joy（電影））、莎曼珊．瓊斯（慾望城市）、馬克．祖克柏（社群網戰／The Social Network）

你自己選出的企業家原型人物角色：

權杖王后——表演者

凱莉．布雷蕭——（慾望城市）——凱莉是一名專欄作家，也是一名不斷在記錄人類感情生活與性愛行爲的人。你也可以說，她的衣櫃就是她這個人非常重要的一部分，就像她的工作或個性一樣。凱莉也經常在愛情中短暫迷失自己，很多表演者原型的人都會這樣。他們渴望對方能夠讓他們體會世事，想要進入對方的世界，最後用這些經驗來作爲自己創作上的靈感。

瑞秋．馬龍——（終極保鑣色／The Bodyguard）——在很小的時候，瑞秋就表現得比她姊姊傑出，成爲一位巨星。不管在哪一方面，她都可說是一名演藝人才，非常有天分。她個性強勢，非常吸引人，會講粗話，而且是個馬靴控。她的一生就像一名演員，在人際親密關係上也因此而受苦。

其他表演者原型人物——夢幻女郎的演員卡司（Dreamgirls）、雷．查爾斯（雷之心靈傳奇／Ray）、莎婷（紅磨坊／Moulin Rouge!）

你自己選出的表演者原型人物角色：

權杖騎士——冒險家

蘿拉．卡芙特——（古墓奇兵／Tomb Raider）——無論是電玩遊戲中的她，還是翻拍成電影之後的女演員角色，這位英國冒險家始終致力於尋找遺失之物，並且知道埋藏了數千年的祕密。她的活動範圍遍及全球，精通多種語言，包括古老和現代。

印第安納．瓊斯——（法櫃奇兵）——當代最具標誌性的冒險家之一。印第安納．瓊斯出身考古學家庭，而且繼承了家族傳統，選擇考古作爲終生志業。好幾次他幫忙拯救了世界，足跡踏遍地球各地。他身手矯捷，能夠應付各種險境。

其他冒險家原型人物——奈森．德瑞克（秘境探險／Uncharted）、博士（何博士／超時空奇俠／Doctor Who））

你自己選出的冒險家原型人物角色：

權杖侍者——彼得潘

彼得潘——（迪士尼的小飛俠）——既然用了這個名字當原型名稱，我們當然不能不提這號人物。無論你認爲彼得潘是一個會在夜裡偷走小孩、永保靈魂年輕的精靈，還是認爲他就是一個迷失的小男孩，他都最能夠代表這個原型永遠不願意長大的個性特質。

薛吉——（史酷比／Scooby-Doo）——對於看卡通影片的年輕一代來說，可能無法理解裡面一些很鏘的笑話，但薛吉擁有一隻狗當他最好的朋友，而且總是後知後覺，最後一個才知道發生什麼事。他當然是不想長大，改變自己無憂無慮、隨時都有食物吃的生活方式。

其他彼得潘原型人物——崔普（賴家王老五／Failure to Launch）、凱文（這就是我們／This Is Us）、傑克．麥克法蘭（威爾與格蕾絲／Will & Grace）

你自己選出的彼得潘原型人物角色：

聖杯國王——黑帝斯

石內卜——（哈利波特系列）——不管是書籍還是電影，讀者和觀眾若不看到結局，絕對不會知道這個角色的眞正動機和忠心程度。他遊走在黑暗的邊緣，而且對他認爲幼稚或品格低劣的事情很沒耐心。他的性格深沉，每個層次都給人不同的驚奇。

亞拉岡——（魔戒系列）——面臨世界即將毀滅，讓這位國王不得不現身、不再躲藏。他似乎具有看穿人們表象的能力，而且是極少數能夠跟精靈共處的人類。他個性深沉、忠誠，而且爲了他族人的福祉，不畏懼面對自身內在或敵人的黑暗面。

其他黑帝斯原型人物——黑帝斯（迪士尼動畫大力士／Disney's Hercules）、蝙蝠俠（DC漫畫）

你自己選出的黑帝斯原型人物角色：

聖杯王后——神祕主義者

祭師（Oracle）——（駭客任務／The Matrix）——她的名字已經說明一切。她不僅敬重自身的能力，而且還是一位非常稱職的神祕主義者，她藉由向救世英雄提問，幫助他找到自己的答案。

吉莉安與莎莉．歐文姊妹——（超異能快感／Practical Magic）——魔法早就藏在這對姊妹的血液裡。整個歐文家族因爲過往歷史和魔法天賦一直受到鎭民的迫害，但最終，這對姊妹有辦法將人們團結在一起，並更加打開自己的魔法超能力。她們彼此能夠聽到對方哭泣求救的聲音，還沒接起電話就知道是對方打來的，也能施放神奇咒術。她們還是那種會飛的女巫！

其他神祕主義者原型人物——瑞芙．塔姆（螢火蟲／Firefly）、嘉莉．懷特（魔女嘉莉／Carrie），奧德美（第六感生死戀／Ghost）、瑟蓮納夫人（少年女巫／Teen Witch）、史傳奇醫生（漫威奇異博士）

你自己選出的神祕主義者原型人物角色：

聖杯騎士——浪漫情聖

卡薩諾瓦——（濃情威尼斯／Casanova（電影））——場景設定在歷史上浪漫時期的一座浪漫城市，這位年輕的浪漫情聖以自己能夠在床上征服無數女人而自豪。無論信教是否虔誠、無論已婚或已訂婚都無所謂——她們全都只是獵物罷了。他已經不在乎什麼聲譽了。

羅密歐與茱麗葉——（Romeo and Juliet）——還有什麼會比爲愛而死更浪漫？是吧。更不用說傷透了雙方父母的心，偷偷幽會私奔。這對情侶就是不顧一切、死了都要愛的最佳寫照。

其他浪漫情聖原型人物——詹姆士．龐德（007系列）、阿飛（阿飛外傳／Alfie（電影））

你自己選出的浪漫情聖原型人物角色：

聖杯侍者——共感人

荻安娜．特洛伊——（銀河飛龍／Star Trek: The Next Generation）——隨艦政戰官輔導長最後晉升成爲星際艦隊的艦長。她是多場星際談判的重要人物。荻安娜擁有極強的共感超能力，這是她基因的一部分。她能夠判斷人們是否在說謊，而且可以發現那些要傷害她的人（因爲擁有外星人血統）。荻安娜也是一位受過良好教育的女性，也研究心理學。

菲比．哈利韋爾——（聖女魔咒／Charmed）——雖然在後面幾季這位魔法少女逐漸發展出自己的天賦和法力，但她初次施展法力的經驗也讓她自己和所有觀眾看到，擁有超能力的共感人走上極端之後會變成什麼模樣。菲比不僅擁有感知超能力，而且還是一位專欄作家，在事業上也全力打拚。她還擁有心理學學士學位，這也是共感人通常會涉及的一個領域。

你自己選出的共感人原型人物角色：

練習

流行文化塔羅賓果遊戲

這是一個非常好玩的遊戲，下次當你看電視、看電影或是讀書時，可以一邊玩這遊戲。你可以把下面這幾張賓果盤用影印機複印、或用手抄下來。這裡有四張賓果盤，可以邀請你的塔羅好友跟你一起觀看你喜歡的電視節目或電影，然後一起玩這個遊戲。每一位玩家或隊伍（如果你們有超過四人的話）各自拿一張不同的賓果盤。

這個遊戲也可以讓我們看到，角色人物如何隨著故事情節成長變化，然後扮演起不同的任務角色。其實我們自己也是這樣。當你集滿一條線，可以開心地喊出「賓果！」你得到的獎品包括：更了解塔羅，還有成爲一個很棒的人。

你需要準備的東西：

- 賓果遊戲盤
- 筆或麥克筆

- 你選擇的節目（電視或電影）

宮廷牌賓果遊戲怎麼玩

在觀看所選定的節目時，一邊把可以代表這些原型人物的角色塡入你的賓果遊戲盤。當角色人物表現出遊戲盤當中的那些個性或行爲時，請在那個方格塗上顏色，並寫下這個角色的名字。如果有人先集滿一條橫線、或一條直線、或一條對角線，就可以大聲喊「賓果！」

賓果遊戲盤 1

聖杯國王 — 黑帝斯 喜怒無常的角色， 只會盯著人看 卻不說話 人物：	**權杖國王 — 企業家** 創立大公司 或副業的角色 人物：	**錢幣侍者 — 自然主義者** 從動物身上 尋求安慰的角色 人物：	**聖杯侍者 — 共感人** 會接收別人 無言情緒的角色 人物：
寶劍騎士 — 戰士 開啟爭端的人 人物：	**聖杯騎士 — 浪漫情聖** 向另一個人 感情告白的角色 人物：	**權杖王后 — 表演者** 受眾人矚目 的角色 人物：	**寶劍侍者 — 偵探** 解決問題、 找尋線索 人物：
錢幣國王 — 總經理 擔心金錢或 財務狀況的角色 人物：	**錢幣王后 — 療癒者** 容易受傷或經常 在照顧別人 的角色 人物：	**權杖騎士 — 冒險家** 搭飛機 或坐船旅行 人物：	**寶劍王后 — 裁判者** 調解衝突 或誤會的人 人物：
聖杯王后 — 神祕主義者 在事情發生之前 就能先預知 的角色 人物：	**錢幣騎士 — 軍人** 忠誠度極高 的角色 人物：	**寶劍國王 — 科學家** 舉證別人 錯誤的角色 人物：	**權杖侍者 — 彼得潘** 逃避問題 的角色 人物：

賓果遊戲盤 2

權杖騎士 — 冒險家 搭飛機 或坐船旅行 人物：	**寶劍侍者 — 偵探** 解決問題、 找尋線索 人物：	**錢幣侍者 — 自然主義者** 從動物身上 尋求安慰的角色 人物：	**寶劍騎士 — 戰士** 開啟爭端的人 人物：
聖杯侍者 — 共感人 會接收別人 無言情緒的角色 人物：	**聖杯騎士 — 浪漫情聖** 向另一個人 感情告白的角色 人物：	**權杖國王 — 企業家** 創立大公司 或副業的角色 人物：	**錢幣王后 — 療癒者** 容易受傷或經常 在照顧別人 的角色 人物：
錢幣國王 — 總經理 擔心金錢或 財務狀況的角色 人物：	**權杖王后 — 表演者** 受眾人矚目 的角色 人物：	**聖杯國王 — 黑帝斯** 喜怒無常的角色， 只會盯著人看 卻不說話 人物：	**寶劍王后 — 裁判者** 調解衝突 或誤會的人 人物：
權杖侍者 — 彼得潘 逃避問題的角色 人物：	**聖杯王后 — 神祕主義者** 在事情發生之前 就能先預知 的角色 人物：	**錢幣騎士 — 軍人** 忠誠度極高 的角色 人物：	**寶劍國王 — 科學家** 舉證別人 錯誤的角色 人物：

賓果遊戲盤 3

權杖國王 — 企業家 創立大公司 或副業的角色 人物：	**錢幣王后 — 療癒者** 容易受傷或經常 在照顧別人 的角色 人物：	**聖杯騎士 — 浪漫情聖** 向另一個人 感情告白的角色 人物：	**聖杯侍者 — 共感人** 會接收別人 無言情緒的角色 人物：
權杖騎士 — 冒險家 搭飛機 或坐船旅行 人物：	**寶劍騎士 — 戰士** 開啟爭端的人 人物：	**權杖王后 — 表演者** 受眾人矚目 的角色 人物：	**寶劍侍者 — 偵探** 解決問題、 找尋線索 人物：
錢幣國王 — 總經理 擔心金錢或財務 狀況的角色 人物：	**錢幣侍者 — 自然主義者** 從動物身上尋求 安慰的角色 人物：	**聖杯國王 — 黑帝斯** 喜怒無常的角色， 只會盯著人看 卻不說話 人物：	**寶劍王后 — 裁判者** 調解衝突 或誤會的人 人物：
寶劍國王 — 科學家 舉證別人錯誤 的角色 人物：	**權杖侍者 — 彼得潘** 逃避問題 的角色 人物：	**聖杯王后 — 神祕主義者** 在事情發生之前 就能先預知 的角色 人物：	**錢幣騎士 — 軍人** 忠誠度極高 的角色 人物：

賓果遊戲盤 4

聖杯侍者 — 共感人 會接收別人 無言情緒的角色 人物：	**錢幣國王 — 總經理** 擔心金錢或 財務狀況的角色 人物：	**錢幣侍者 — 自然主義者** 從動物身上尋求 安慰的角色 人物：	**權杖國王 — 企業家** 創立大公司 或副業的角色 人物：
聖杯國王 — 黑帝斯 喜怒無常的角色， 只會盯著人看 卻不說話 人物：	**聖杯騎士 — 浪漫情聖** 向另一個人 感情告白的角色 人物：	**權杖王后 — 表演者** 受眾人矚目 的角色 人物：	**寶劍侍者 — 偵探** 解決問題、 找尋線索 人物：
寶劍王后 — 裁判者 調解衝突 或誤會的人 人物：	**錢幣王后 — 療癒者** 容易受傷或經常 在照顧別人 的角色 人物：	**權杖騎士 — 冒險家** 搭飛機 或坐船旅行 人物：	**寶劍騎士 — 戰士** 開啟爭端的人 人物：
錢幣騎士 — 軍人 忠誠度極高 的角色 人物：	**寶劍國王 — 科學家** 舉證別人錯誤 的角色 人物：	**權杖侍者 — 彼得潘** 逃避問題 的角色 人物：	**聖杯王后 — 神祕主義者** 在事情發生之前 就能先預知 的角色 人物：

練習

宮廷原型人物與流行文化的反思

身處現代社會，我們被餵食了大量的媒體資訊。無論有無跟塔羅連結，每次我們觀看自己喜歡的電視節目或電影時，一定會在當中看到一些塔羅原型人物。你可以利用以下這些問題，來思考流行文化和塔羅之間的關聯，培養和提升你在這方面的知識概念。

- 在許多電視節目、電影、書籍當中，是否會反覆出現某一個宮廷原型人物？
- 爲什麼會這樣？
- 你是否覺得這是眞實生活的反映？或者我們會希望透過認識不熟悉的原型，活出不同的生命型態？
- 流行文化中，極少出現的宮廷原型人物是哪些？
- 如果你是一齣電視影集裡面的其中一個角色，你會是誰？是哪一個宮廷原型？

練習

運用宮廷原型來化解問題

這是一個很棒的練習，可以讓我們看到，不同的宮廷原型遇到一個難題障礙時，會採取怎樣不同的行動和思考。

做這個練習，你需要準備一副塔羅牌、一本筆記、一支筆。

第1步：將宮廷牌和其他的牌分開，然後把宮廷牌放在旁邊。
第2步：寫下你的問題、困難或是遇到的障礙。
第3步：把有大阿爾克納和小阿爾克納的這堆牌徹底洗牌，同時在心裡想著你剛剛寫下的這個問題或障礙。最好一次只聚焦一個問題，因爲你可以針對其他問題，重複做這個練習。要做幾次都可以。
第4步：切牌，然後取兩張牌翻開排在桌上。

- **第1張牌——你的困難所在**
- **第2張牌——正在影響你或這個問題、但你卻不知道的事情**

第5步：仔細看著這兩張牌，思考一下，看看是否從中得到任何啓示。

第6步：現在拿起宮廷牌，洗牌，同樣一邊想著你剛剛寫下的那個問題或障礙。

第7步：洗好之後，以扇形攤開，選四張宮廷牌，然後放在剛剛那兩張牌的下方。

第8步：根據你學到的宮廷原型知識，問自己以下問題：

- 每一位原型人物，各自會如何面對這個問題？
- 他們下一步會採取什麼行動？
- 這些原型會是你解決問題時的助力或隊友嗎？
- 他們解決問題的方法各自存在什麼樣的弱點？
- 基於過去經驗，你下一步動作最有可能是哪一個原型？
- 哪一個原型的下一步動作最讓你感到驚奇？

給進階塔羅占卜師

第9步：把大阿爾克納和小阿爾克納這堆牌重新集合起來，然後再洗一次牌。切牌，然後在每一張宮廷牌下方都擺一張牌，看看每一位宮廷原型解決問題的動作分別會帶來什麼可能的結果。假如這部分讓你感覺有點困惑，也請不要覺得自己非得眞的照著這樣做。這主要是一個解決問題的練習。

現在你已經有四組專家，分別用不同的視角在看你的問題或障礙，提供你不同的解決途徑，以及讓你看到最可能出現的結果。每當我用塔羅牌來解決問題，經常會得到意外驚喜，即使助力牌並不一定是最討人喜歡的牌。永遠要相信你的直覺。

Chapter11

宮廷牌的占卜牌陣

The Court Cards Tarot Spreads

每一張塔羅宮廷牌都攜帶著一份特有的禮物。這個經過特別設計的牌陣，可以用來探索每一張宮廷牌對於你的靈性成長有什麼樣的助益，同時加深你對塔羅的認識。它們也可以爲你提供一些線索，當占卜中出現宮廷牌時，知道該如何運用它們。

如果占牌時出現一或兩張宮廷牌，而你卡住了不知如何解牌，可以回來複習這節的內容，看看每一張宮廷牌的禮物是什麼。看是否能幫助你更了解這張牌，以及它所在的陣位代表的含義。

我建議你每次占牌時都能記錄下來，包括你占卜的日期，以及你用了哪一組塔羅套牌。除了塔羅牌陣本身，這裡我們也列出了一些提示問題。這些問題具有強大的力量，可以讓你與宮廷牌有更深入的連結，所以我建議你除了記錄牌陣，也把你的心得發現寫下來。

以下的塔羅牌陣都是九張牌牌陣，因此我建議你在展開這些練習之前，能夠先花時間熟悉一下大型牌陣。

說明：

開始以下塔羅占卜之前，先把你要用到的這張宮廷牌（比如聖杯侍者、錢幣騎士等等）從整副牌中找出來。將這張牌放在編號1的位置。然後用剩下的牌開始洗牌，同時把注意力放在這張已取出的宮廷牌上。想像它就站在你面前（洗牌時你可以閉上眼睛，

話）。它透露什麼樣的氣息氛圍？它本身感覺怎麼樣？你對它有什麼感受？

洗好牌之後，以你平常慣用的方式切牌。依照每一個練習的指示把牌放上去。下方這個擺法適用所有宮廷牌禮物牌陣。

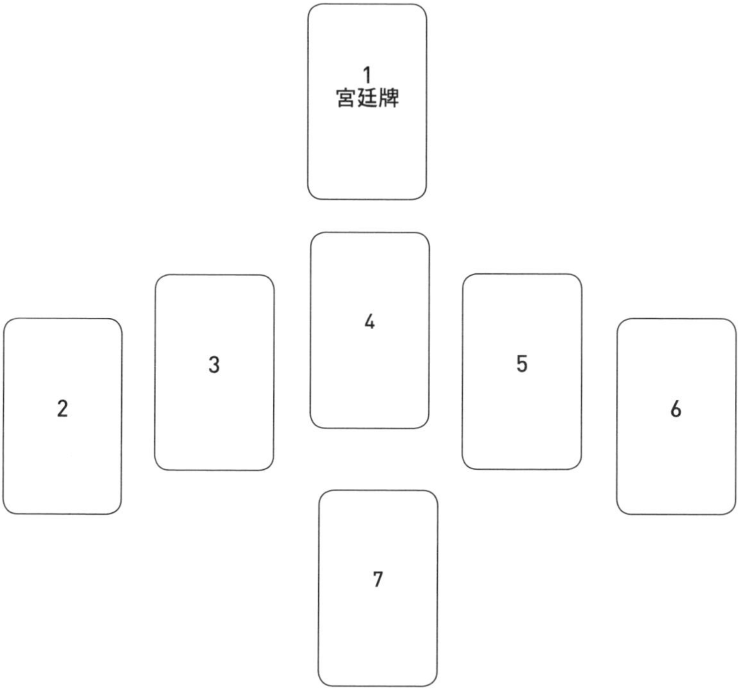

聖杯侍者——禮物——情緒感受

元素對應

- 侍者——土
- 聖杯——水

跟其他三位侍者一樣，聖杯侍者充滿潛力，而且是所有聖杯牌中能量最純淨的。因為這個特質，聖杯侍者能夠幫助你連結情緒感受，並讓你看到，能夠與你的情緒感受接觸是一個多麼神奇的天賦禮物。情緒感受能夠主宰我們的生活。它可以讓我們一整天都非常開心，也可以把我們一整天都搞砸，如果情緒太極端，或者如果我們缺乏其他元素比如聰明智能（風）或腳踏實地（土），也可以幫助它回到平衡。總之，你可以透過這個塔羅牌陣練習，創造一個安全的空間，真正進入你的深層情緒，反思它在你生活中帶來的影響和力量。

洗牌的時候，花一點時間來連結你的情緒感受。回想最近一次你感到開心的經驗，那時你生活中發生什麼事？然後，再回想你心情不好的時候，比如失落和傷心，是爲了什麼事情，因爲這些經驗裡面也藏著要給你的禮物和功課。

練習

依序把牌放上去：

1. 聖杯侍者——指定牌
2. 如何可以讓我的情緒更得到表達？
3. 我可以放下什麼事情來幫助抒解負面情緒？
4. 我可以再做些什麼來連結我的情緒體？
5. 在情緒上我需要放下些什麼？
6. 我如何更深入連結聖杯侍者這張牌？
7. 聖杯侍者可以跟我的客戶分享什麼功課？

聖杯騎士——禮物——浪漫情懷

元素對應

- 騎士——火
- 聖杯——水

聖杯騎士唯一的信仰就是愛。他們的一切都跟愛情有關。他們寫歌、寫詩，也是在頌揚愛情。他們爲愛而戰，他愛上了談戀愛。作爲充滿浪漫情懷的騎士，他們經常受到愛與浪漫情懷的觸發。他們往往也帶著浪漫的玫瑰色眼鏡在看每一件事情。我們都需要平衡，羅曼蒂克只是情感關係中的一部分。這個塔羅牌陣可以提供你一個機會來探索浪漫，看看如何在生活中幫自己添加一點香料，跟你的生活談一場戀愛。

花一點時間跟你內在的浪漫情懷連結。最近一次有人對你浪漫追求是什麼時候？或者，所謂羅曼蒂克的約會，對你來說是什麼樣子？當你想到浪漫，你會想到什麼？

練習

依序把牌放上去：

1. 聖杯騎士——指定牌
2. 我如何與內在的浪漫騎士（我內在浪漫的那一面）連結？
3. 我該如何讓我的生命更愉悅？
4. 我的愛情密碼是什麼；我如何表達愛？
5. 我可以卸下哪些浪漫包袱？
6. 我如何更深入連結聖杯騎士這張牌？
7. 聖杯騎士可以跟我的客戶分享什麼功課？

聖杯王后－禮物－直覺

元素對應

- 王后——水
- 聖杯——水

聖杯王后擁有內在直覺的天賦禮物。由於是雙倍的水（王后牌和聖杯牌都是水元素），這個特質會被增強。每個人身上都擁有這份天賦禮物，藉由召喚我們擁抱內在這位神祕主義者，我們所走的道路就能符合最高福祉。她知道，當直覺被擁抱、被開發，當我們能夠依照直覺來行動，直覺就會成爲我們生命中最強大的隊友。

花一點時間來連結你內在的神祕主義者。最近一次你接收到直覺的撞擊是什麼時候？你身上是不是擁有像千里眼和天眼通那樣的「明燈」？你的內在直覺藏在你身體裡面的哪個部位？

練習

依序把牌放上去：

1. 聖杯王后——指定牌
2. 我的內在指引希望我知道什麼訊息，關於我的直覺禮物？
3. 我可以做些什麼來深入開發我的直覺力？
4. 我該如何放下恐懼，依照我的直覺來行事？
5. 我可以成為哪一種神祕主義者？
6. 我如何更深入連結聖杯王后這張牌？
7. 聖杯王后可以跟我的客戶分享什麼功課？

聖杯國王—禮物—性慾

元素對應

- 國王——風
- 聖杯——水

性慾是非常私密的。我深信，它不是一種可以被貼上標籤然後放進盒子裡收藏的東西。聖杯國王知道他自己是誰，也知道性是一種非常強大的原力。他了解性慾所隱藏的創造力、破壞力、誘惑力、引誘力以及黑暗。我們的社會對於性一直貶低糟蹋。從漢堡到汽車，我們用性來推銷每一樣東西。我們鼓勵小孩子應該要早熟，而且獎勵人們利用性而不是其他天分來獲得名聲和權勢。要不然就是完全壓抑它，因爲我們對它的力量感到害怕。聖杯國王完全不是這樣。他希望你去探索性慾中眞正隱含的神聖力量，無論它對你和你的生命來說是什麼模樣。

花一點時間來連結你的生殖輪和你的性慾力量。你認爲性吸引力是什麼？性讓你感覺不舒服不自在嗎？你能夠自在表達你的性需求和性渴望嗎？你覺得跟自己的性慾有連結嗎？爲什麼有？或者爲什麼沒有？

練習

依序把牌放上去：

1. 聖杯國王——指定牌
2. 我如何跟我內在的性與歡愉之神連結？
3. 我的性慾可以多表現在哪一方面？
4. 我的性慾如何與我的靈性連結？
5. 聖杯國王可以讓我學習到關於性的什麼事情？
6. 我如何更深入連結聖杯國王這張牌？
7. 聖杯國王可以跟我的客戶分享什麼功課？

錢幣侍者——禮物——大自然

元素對應

- 侍者——土
- 錢幣——土

侍者是所有塔羅宮廷牌中與大自然最親近的。錢幣侍者提醒我們，沒有任何東西會比大自然世界更能滋養靈魂，也沒有一種連結會比我們跟大自然的連結更重要。他們知道大自然母親可以教給我們所有事情，只要我們願意花時間去探索、耐心等候它們在我們眼前顯露。大自然總是慢慢來不躁進，它需要時間，錢幣侍者也是。

花點時間與大自然連結（在室內也可以——但如果你是在外面占卜和練習，那會更棒）。你最喜歡的大自然場所是什麼？你覺得自己爲什麼會對那些地方著迷？當某件事情需要花時間慢慢來發展或完成時，你感覺如何？你的力量動物／靈魂動物是什麼？為什麼你認為是它？

練習

依序把牌放上去：

1. 錢幣侍者——指定牌
2. 我的自然天賦是什麼？
3. 我如何讓我的人生旅程更圓滿？
4. 我如何才能更進一步發揮我的潛能？
5. 錢幣侍者對於我的成長有什麼啟示？
6. 我如何更深入連結錢幣侍者這張牌？
7. 錢幣侍者可以跟我的客戶分享什麼功課？

錢幣騎士——禮物——耐力

元素對應

- 騎士——火
- 錢幣——土

在漫長的人生旅程中，這位騎士會是你希望有他陪伴在你身邊的人。錢幣騎士擁有其他人夢寐以求的無窮精力、信念和信仰。他們對於自己所追求的夢想和事業充滿激情，但他們保證會讓現在所做的每一件事情都長久持續下去。這位騎士擁有堅毅耐力這項天賦禮物，可以讓我們學到關於勤奮與持久的美德。跟其他騎士一樣，他也是行動力十足，別以爲這只是一種被動消極的能量。所有的冠軍優勝者都知道，這就是失敗與勝利最關鍵的差別所在。

花點時間跟你的毅力與耐力連結。最近一次你接受到耐力的考驗是什麼時候？你爲你的長久感情或人生長程目標或計畫做了什麼準備？當你展開一項行動時，心裡會想著要長久持續下去嗎？講到「慢下來」，你心裡會浮現什麼想法？

練習

依序把牌放上去：

1. 錢幣騎士——指定牌
2. 我的優點長處是什麼？
3. 我一直在反抗、抵制的是什麼事情？
4. 我可以再做點什麼來讓我的靈性旅程走得更長遠？
5. 關於堅定不移，錢幣騎士可以讓我學到什麼？
6. 我如何更深入連結錢幣騎士這張牌？
7. 錢幣騎士可以跟我的客戶分享什麼功課？

錢幣王后—禮物—療癒力

元素對應

- 王后——水
- 錢幣——土

錢幣王后內在擁有療癒的神聖天賦。她知道我們要讓一切事物自然流動，因為任何東西抓得太久一定會導致生病。她知道歡笑、慈愛、甜美和眼淚的強大療癒力量。她知道我們身邊大自然裡就有療癒的禮物。她把水元素和土元素混合在一起，成為力量強大的療癒魔法。這是她的天賦，也是她送給我們的禮物，她希望我們所有人都能互相協助，療癒別人也療癒自己。當我們自己得到療癒，就會成為世上一股更強大的力量，可以跟其他人分享我們的禮物。

花點時間連結你內在的療癒者。什麼東西可以治癒你呢？當你需要充電時，會想要去大自然哪個特別的地方嗎？健康對你來說是什麼？

練習

依序把牌放上去：

1. 錢幣王后——指定牌
2. 我生命中有哪些部分需要療癒復原？
3. 為了讓我的生命恢復平衡，我需要做些什麼？
4. 我身體和能量場哪裡需要疏通，讓疾病得到釋放？
5. 我可以成為哪一種療癒者？
6. 我如何更深入連結錢幣王后這張牌？
7. 錢幣王后可以跟我的客戶分享什麼功課？

錢幣國王—禮物—穩定性

元素對應

- 國王——風
- 錢幣——土

錢幣國王安穩堅定地坐在他的寶座上，他有充分理由這樣做。他生命中做過的決定，都是經過深思熟慮與周詳計畫，以確保他可以繼續安心坐在王位上，同時內心沒有任何不安。要撼動錢幣國王可不是那麼簡單的事，因爲他的基座非常堅固。這份禮物可以讓你運用在生活各個領域：工作、事業、靈修、感情關係、健康。錢幣國王可以讓你看到如何熟練運用一致性、平衡以及凝聚力。錢幣國王知道，腳踏實地很重要，只要我們能夠全神貫注、把該做的事情做好，所有部分都會自動相互連接，造就出一個蓬勃繁榮的事實。

花點時間與你的生命基石連結。你生命中每一個領域的基礎都很堅固、而且有受到良好照料嗎？哪些領域需要讓它更紮實？平常你可以做些什麼事，來讓你的生活更平衡、更凝聚？對你來說，安穩是什麼？它給你什麼感覺？

練習

依序把牌放上去：

1. 錢幣國王——指定牌
2. 我如何讓我的身體更穩固健康？
3. 我如何讓我的情緒更穩定？
4. 我如何讓我的精神更安穩？
5. 關於個人界限，錢幣國王要教導我什麼？
6. 我如何更深入連結錢幣國王這張牌？
7. 錢幣國王可以跟我的客戶分享什麼功課？

權杖侍者——禮物——創造力

元素對應

- 侍者——土
- 權杖——火

權杖侍者就是創造力的眞實化身。處處他都看得到他創造的機會，而且絕對是第一個提出前所未有的解決方法的人。他有辦法讓事情從想法落實成眞。權杖侍者對於缺乏熱情的人、工作、關係以及靈修道路毫無興趣。他知道熱情是推動變革和創新的動力。這並不是說權杖侍者從沒被自己的經驗燒傷過。他當然也玩火，但他知道他碰觸的每一樣東西都具有轉化的力量。這就是創造力的禮物。

花點時間連結你內在的這位創造發明家。你認爲自己是一個有創意的人嗎？爲什麼是？爲什麼不是？你最近一次創造某樣東西是什麼時候？害怕別人批評你的創意嗎？是不是因爲這樣你才無法完全發揮自己內在的創造力？

練習

依序把牌放上去：

1. 權杖侍者——指定牌
2. 我如何點燃我的創造力之火？
3. 是什麼阻擋了我的創造力？
4. 我內在有什麼東西正在轉變？
5. 關於成為一位創造者，權杖侍者讓我學習到什麼？
6. 我如何更深入連結權杖侍者這張牌？
7. 權杖侍者可以跟我的客戶分享什麼功課？

權杖騎士——禮物——冒險精神

元素對應

- 騎士——火
- 權杖——火

權杖騎士總是在從事某項冒險。他以遠征和荒野探險故事激勵著我們，收服無數粉絲群眾。他看起來交遊廣闊，四海都有朋友。他是一個不斷壯大自己的人。權杖騎士讓我們看到，當我們向世界、人們、生命經驗打開美好的天賦之後，會是什麼樣子。他把生命中的一切艱難阻礙都視爲另一種冒險旅程，隨時會發生。他是我們所有人當中最不怕挑戰的，而且會呼喚我們加入他的荒野冒險行動，去發掘我們眞實的自己。

花點時間連結你內在的冒險家。你喜歡冒險還是寧願待在沙發上？（兩者都很酷，沒有批評的意思）對你而言，什麼是冒險？最近一次你勇敢去探索自己熱愛的東西是什麼時候？對於新的人、事、地、物，你是如何面對？

練習

依序把牌放上去：

1. 權杖騎士——指定牌
2. 我現在對自己有什麼新發現？
3. 是什麼讓我裹足不前？
4. 我該如何更敞開自己去挑戰常規？
5. 關於冒險犯難，權杖騎士可以讓我學到什麼？
6. 我如何更深入連結權杖騎士這張牌？
7. 權杖騎士可以跟我的客戶分享什麼功課？

權杖王后——禮物——自信

元素對應

- 王后——水
- 權杖——火

權杖王后全身散發著自信和高尚的氣息，而且毫不張揚。當權杖王后踏進一間屋子，所有的目光都會自動聚焦到她身上。她不畏懼鎂光燈，而且非常享受自己擁有的權勢力量。即使不會刻意要引人注意，權杖王后依然散發無比的內在自信——那是一股永不熄滅、且不需要外力助燃的內在熱力。這正是我們能夠堅定自信行走於世間的原因。它影響著我們生命的各個層面，從維持健康的人際界線，到為我們自己和深信不疑的信念挺身而出，以及保有在生活中奮戰的不滅能量和動力。

花點時間連結你內在的熱力火焰。當別人把目光投注在你身上時，你有什麼感覺？你認爲自己是一個有自信的人嗎？當你處在一個充滿自信的空間，有什麼感受？

練習

依序把牌放上去：

1. 權杖王后——指定牌
2. 我該如何讓我的生命更充滿自信？
3. 是什麼原因讓我害怕、不敢做自己？
4. 我該放下哪些阻礙我自信的東西？
5. 權杖王后對我有什麼啟發和指引？
6. 我如何更深入連結權杖王后這張牌？
7. 權杖王后可以跟我的客戶分享什麼功課？

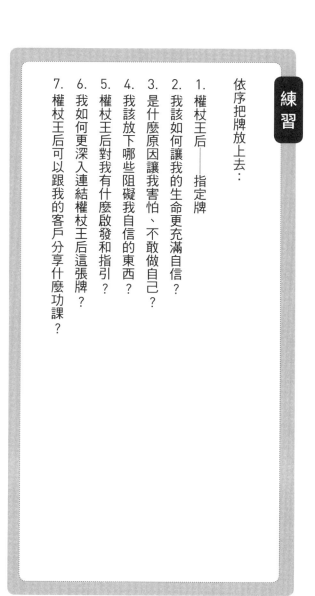

權杖國王──禮物──領導力

元素對應

- 國王──風
- 權杖──火

權杖國王是天生的領袖人物。他輕而易舉就能激勵人們的忠誠之心和行動力，就像我們其他人張口呼吸一樣容易。他知道，要讓人們凝聚在他的事業和願景之下，需要靠行動力與熱情來領導。領導力的展現可以安靜無聲也可能充滿力量激情，但它的特點就是有一顆包容心。要成爲眞正的領導者，你必須能爲自己的生命負起全部責任，這樣你才有辦法激勵身邊所有的人跟你一起實現夢想。眞正的領導者不會認爲自己比其他人厲害，而是把自己視爲一個團隊不可或缺的中堅分子。權杖國王可以教導我們，擁抱自己內在那位領導者。

花點時間連結你內在的那位領袖。什麼樣的領導者會讓你感到振奮人心？你生命中最喜歡的一位領導者是誰？你會想要成爲哪一種領導者？

練習

依序把牌放上去：

1. 權杖國王──指定牌
2. 我的領導風格會是什麼？
3. 我如何激發別人對我的忠誠？
4. 我如何實現我的人生夢想？
5. 關於領導力，權杖國王可以讓我學到什麼？
6. 我如何更深入連結權杖國王這張牌？
7. 權杖國王可以跟我的客戶分享什麼功課？

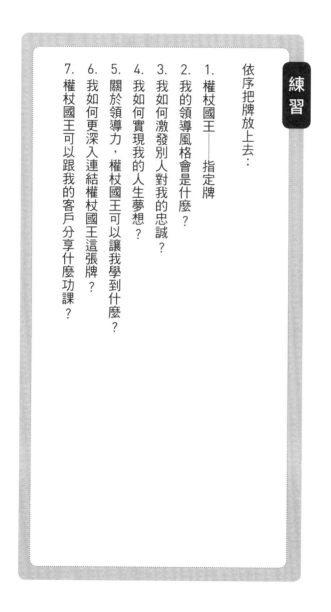

寶劍侍者——禮物——靈感啟示

元素對應

- 侍者——土
- 寶劍——風

寶劍侍者呼喚我們內心最高遠的理想與靈感，並將它們落實到現實世界中。寶劍侍者永遠都在發掘新事物以及看待人事物的新眼光。他總是對我們身邊一切神奇事物保有一份敬畏之心。當我們的生命受到啓發鼓舞，影響的不只是自己家人，也包括我們身邊所有的人。如果想要讓這股能量進入我們的生命空間、聆聽它演奏的美妙音樂，寶劍侍者就是我們的繆思、我們靈感啓發的來源。

花點時間跟你內在的繆思女神連結。什麼可以帶給你靈感啟示？誰能夠啟發你？什麼事物無法給你靈感啟示？你生活中有可以讓你連結和交流的嚮導或繆思女神嗎？你的靈修旅程可以帶給你什麼啟發？

練習

依序把牌放上去：

1. 寶劍侍者——指定牌
2. 我可以做什麼來讓自己有更多靈感？
3. 什麼東西在阻礙我得到靈感啟發？
4. 我如何帶給別人更多啟發？
5. 關於靈感，寶劍侍者能讓我學到什麼？
6. 我如何更深入連結寶劍侍者這張牌？
7. 寶劍侍者可以跟我的客戶分享什麼功課？

寶劍騎士——禮物——行動力

元素對應

- 騎士——火
- 寶劍——風

寶劍騎士不會聽你講一大堆理由、爲自己的不行動找藉口。當大多數人還在思考，或是說自己太忙沒空時，他們早已經展開行動。寶劍騎士隨時都在動，而這正是讓我們可以突破障礙、朝目標前進的主要力量。雖然爲了行動而行動也是另一種逃避，但這位騎士知道自己正在追求的東西對他非常重要。爲自己熱愛的事物而行動，是這張牌可以爲我們生命帶來的禮物。

花點時間連結你的內在戰士。什麼事情現在對你來說很重要？你上一次做運動是在什麼時候？你是不是每次行動之前都要先問別人意見？你最近一次主動爲自己熱愛的事情而行動是什麼時候？

練習

依序把牌放上去：

1. 寶劍騎士——指定牌
2. 為了讓事情往前進展，我現在需要即刻採取的行動是什麼？
3. 哪些事情是我不需要想太多的？
4. 我如何才能更像一位生命的戰士？
5. 在付諸行動方面，寶劍騎士能讓我學到什麼？
6. 我如何更深入連結寶劍騎士這張牌？
7. 寶劍騎士可以跟我的客戶分享什麼功課？

寶劍王后——禮物——真實

元素對應

- 王后——水
- 寶劍——風

寶劍王后對自己了解非常深，這使她成為一位令人敬畏的強勁對手。一旦她下定決心，就沒什麼事情能夠令她動搖或改變心意。寶劍王后能夠洞悉一切事物的眞相，無論是策劃任何事情，或是對於自己的認識，她都堪稱是一位出色的隊友。眞言總是逆耳，也因此這張牌並不是那麼討人喜歡，不過，寶劍王后深知，唯有當我們看見眞相，眞正的改變才會開始發生。

花一點時間連結你內在的眞實自我。關於自己，你知道的眞相是什麼？是什麼事情引領你走入內在眞實？你會不會害怕對你認識的人說眞話？你是否能夠堅持信念，而且一旦做出選擇就不會改變？

練習

依序把牌放上去：

1. 寶劍王后——指定牌
2. 我如何對內在真實的自己更有信心？
3. 什麼真相是我害怕的？
4. 我如何以愛和理解之心，將它們放下？
5. 關於情緒智商，寶劍王后能讓我們學到什麼？
6. 我如何更深入連結寶劍王后這張牌？
7. 寶劍王后可以跟我的客戶分享什麼功課？

寶劍國王——禮物——清晰

元素對應

- 國王——風
- 寶劍——風

寶劍國王是他特定領域內的專家，並且因爲水晶般的清晰思路而被抬升到那個地位。他不會把時間或精力浪費在把事情複雜化的東西上，而且能夠透過一個界線明確的鏡頭來看世界。寶劍國王以「黑白分明」而著稱，對於灰色地帶從來不感興趣。雖然這似乎很極端，但他能幫助我們更直截了當看清事情，省下混亂和上演情緒大戲的時間。

花點時間連結你的內在明晰力。當你對某件事情或某個人感到混亂困惑時，會怎麼做？當你對某件事情看得非常透徹時，有什麼感受？你會對別人明確說出你的需要嗎？講到人或情勢處境，你是否信奉極端，而不看事情的所有面向？

練習

依序把牌放上去：

1. 寶劍國王——指定牌
2. 我如何讓自己更具明晰力？
3. 什麼東西在阻擋我的視線？
4. 我需要把焦點集中在什麼事情？
5. 關於決斷力，我可以從寶劍國王身上學到什麼？
6. 我如何更深入連結寶劍國王這張牌？
7. 寶劍國王可以跟我的客戶分享什麼功課？

附錄

宮廷牌解牌小抄

有誰會不喜歡好用的小抄？我知道我很喜歡喔。以下這些解牌小抄是用來讓你快速查閱每一張宮廷牌的相關資料。這些資料都是從這本書的每一個章節裡面摘選出來的。如果你還沒把整本書讀過，覺得這裡有些資料不是很清楚，那你可能需要閱讀那個章節來追上進度。放心，我不會跟別人檢舉說你沒有從頭到尾把這本書讀完。

錢幣侍者

- 元素：土
- 時機：數日內
- 星座：三個土象星座的其中任何一個─處女座、金牛座、摩羯座
- 季節：冬天
- 年齡：嬰兒～11歲
- 口頭禪：讓我做啦

關鍵字

- 有形物質方面的訊息（例如：通知工作加薪）
- 大地系
- 精力充沛
- 活躍
- 肌肉運動知覺型

• 務實
• 節儉
• 喜歡動物
• 喜歡肢體接觸

◎原型：自然主義者

那種感覺就像在自己家一樣舒服，身邊圍繞著毛茸茸的動物和大自然。沒有什麼比能夠自在做自己更讓他們覺得快樂。他們希望自己的腳趾沾滿泥土，能夠呼吸新鮮的空氣。即使他們身在大城市，他們也會尋找有一堆動物又充滿綠意的空間。

錢幣侍者是那種感情進展順利的人，他們不需要做重大的生命決策，而且大部分時候都可以跟隨他人的領導。在關係中他們能跟對方處得很好，而且喜歡兩個人勝過單身，但他們也比其他原型的人更容易成爲刻板印象中的瘋狂貓奴（養貓的老婦人）。

雖然自然主義者擁有滿滿的耐心，他們也會拿自己的極限來測試他們身邊的人。當所有人都驚慌失措一團亂時，這個人會默默按照自己的節奏把需要做的事情做完。他們對於別人經常是一種很好的提醒，我們需要慢下來，聽聽自己的身體和大自然的節奏，不要盲動。

錢幣侍者的理想工作是獸醫或動物救援以及康復工作者、動物訓練師、動物學家、園丁、景觀設計師、園藝師、溫室專家、以及藥草學家。

錢幣騎士

- 元素：土
- 星座：處女座
- 年齡：12～21歲
- 時機：數週內
- 季節：冬季
- 口頭禪：我堅守崗位

關鍵字

- 透過有形之物來執行任務行動（比如建造等）
- 透過有形之物來自我發現
- 實際行動
- 找到新工作
- 城市規劃者
- 離鄉背井
- 耐力
- 忠誠

◈原型：軍人

個性有點死板，但像牛一樣堅強，像每天的日出一樣可靠，像山一樣穩固，軍人是那種當你遇到末日殭屍時會希望有他陪伴在身邊的人。當他為別人做事時，就好像有用不完的精力，他們天生就有服務人群的使命。

在關係當中，軍人會把他們所有的一切都付出給另一半，但是你要知道，當面對跟大眾福祉有關的任務，就算你跟他感情再好、就算他有家庭，他們也會把一切拋下，然後去拯救世界。

可以確定的是，這是一位勤勉工作的團隊成員，這個原型的人或許不會用創新的科技或點子在商界引起轟動，但他們會是那個老老實實把工作做好的人。他們會確保任務準時遞交而且所有人皆安然無恙。

錢幣騎士的理想工作除了眞正的軍人之外，金融行業中任何一個要求細節和毅力的職務都非常適合，很多人覺得無聊的工作他們也都能勝任愉快。會計、財務規劃、股票投資經紀人或是專業博彩（這工作能給他們騎士的快感）。還有一些跟身體有關的工作也很適合軍人原型的人，比如私人健身教練或營養師。

錢幣王后

- 元素：土
- 星座：摩羯座
- 年齡：22歲以上
- 時機：數月內
- 季節：冬天
- 口頭禪：我關心你的身體

關鍵字

- 情緒穩定
- 貴婦
- 透過財物來建立自我認同
- 慷慨大方
- 專心於家務
- 透過食物、烹飪和身體來關懷別人
- 上流社會
- 需要大量關注
- 優雅

◈原型：療癒者

療癒者活像一個走動的抱抱人。你就是很想靠近他們，因爲他們會讓你在各方面都心情變好。舒適、幸福、安全，是療癒者原型最優先重要的選項。他們會希望讓身邊的人眞的感覺受到很好的照顧，彷彿天塌下來都有人撐著，永遠幸福快樂。

療癒者自己如果陷入陰暗面，可能會否認自己需要療癒。原因不是他們認爲自己不會受傷或犯錯，而是因爲他們把所有時間都拿來照顧別人，以致無法顧及自己的需要。當這些人精力用盡時，通常會需要很多時間來重新儲備自己的能量。

在關係當中，療癒者會想要幫他們的另一半修補每一樣東西。他們的對象必須是能在背後給他們支持和力量的人，要不然他們會覺得失望，當他們發覺事情眞實狀況時，就會斷然捨棄。這個原型的人很喜歡兩人關係，而且很愛小孩和家人。

錢幣王后的理想職業是跟身心靈療癒有關的專業，比如醫生、護士、助產士、按摩治療師、中醫師等。錢幣王后可能會發現自己對於跟滋養培育有關的角色很有興趣，比如廚師、烹飪、園丁、園藝師，或是經營花店，以及跟人體或地球有關的工作。

錢幣國王

- 元素：土
- 星座：金牛座
- 年齡：22歲以上
- 時機：數年內
- 季節：冬天
- 口頭禪：我用我的錢包來領導

關鍵字

- 物質生活無虞
- 金錢管理人
- 公司老闆
- 個性穩定的領導者
- 居家型
- 執行長、財務長、營運長
- 貪婪
- 固執

◈原型：總經理

如果你想要變成有錢人，沒有任何一個宮廷原型能夠比總經理更值得你信任了。他們可靠到簡直讓你感到乏味的地步，對於處理數字、金錢、大型且複雜的系統有一種超乎尋常的能力。無論是管理大型對沖基金、管理一座軍事基地，甚至是一間狀況良好的屋子，只要是需要結構、慣例以及成長的事情和工作，找這個人準沒錯。

這個原型的人如果對於自己的角色沒有安全感，那麼很可能每一個人和每一件事都會成爲他的敵手。他們會把每一件事情都當成他們取得成功的威脅，而且會跟人保持距離，或是去侮辱、貶低對方。

總經理會希望有一個穩定的家，而且熱愛生命。他們覺得寧願把時間花在工作上，而不是在處理個人情緒。他們一定會讓家人過安穩舒適的生活，但可能不是那種羅曼蒂克型的人。

錢幣國王的理想工作應該說，任何可以賺大錢的地方都是。房地產投資、建築、金融銀行，以及有數十億身價的公司企業的高階職位，都非常吸引這位國王。其他像是地質探勘學家或陸軍司令，也都很適合。

寶劍侍者

- 元素：風
- 星座：三個風象星座任何一個——雙子座、天秤座、水瓶座
- 年齡：嬰兒～11歲
- 時機：數日內
- 季節：秋天
- 口頭禪：我問你喔

關鍵字

- 好奇心
- 知識方面的訊息
- 靈感
- 簡單的解決方法
- 經常問「為什麼？」
- 理解力
- 沉思
- 發現事物

◎原型：偵探

生命是偵探很想要解決的謎題。他們想要知道是什麼促使人們做某些事情、事情為什麼會發生，以及如何把這些拼湊在一起形成意義。假如他們無法弄清楚某個人或某件事，他們會感到很焦慮。

如果偵探不做功課讓自己成長，很可能會把身邊的人都推得遠遠的，覺得人際關係會干擾他們做事。他們不喜歡知道自己的弱點，或是由別人來告訴他們缺點，因為他們認為自己不會有錯。

如果你想給偵探驚喜，真的要憑運氣。因為他們知道家裡所有隱密的地方（還有你的，如果他們跟你相處夠久），不管你怎麼精心設計想要給他們驚喜，他們一定都找得到。因此，一些羅曼蒂克的氣氛可能也跟著被毀掉了，不過他們倒是很擅長給你驚喜喚。

「無聊」跟這個人永遠牽不上線。他們會搞破壞，給他們的同事造成很大的麻煩。偵探（他們要不是真的幹這一行，要不就是類似工作）會列出一大堆該辦事項和一堆工作計畫。對他們來說，愈忙愈好。

理想職業包括：警察、探員、私家偵探、統計學家、間諜、密碼破解者、語言專家、圖書館員、專業學位學生、哲學家、研究助理、實驗室技術員、文案撰稿人、編輯。

寶劍騎士

- 元素：風
- 星座：雙子座
- 年齡：12～21歲
- 時機：數週內
- 季節：秋天
- 口頭禪：我知道我在做什麼

關鍵字

- 透過理性認識自己
- 衝動行事
- 光說不練
- 話先講出口才思考
- 創新
- 講話尖銳傷人
- 一馬當先
- 草率做決定
- 不成熟

◈原型：戰士

戰士是一台經過精心微調的機器——不只是在肉體上，心理上也是。他們知道，做好身體訓練對一個要上戰場的人來說，等於只是一半；心靈也同樣需要鍛鍊。

戰士喜歡強勢的伴侶，但他們在關係中也可能會想要居主導地位。那是因爲，他們的工作時間往往需要配合所屬單位的要求，需要經常四處移動，或者也有可能他們原本就喜歡當那個發號施令的人。戰士會去尋找那種在各方面都能與他們匹配競爭的人。

在工作上，如果有一件事情是需要某人參與去改變每一件事情、提出一些不同的看法，或是清理混亂場面，那麼這個人就是最合適的人選。大多數戰士很自然會去從事那種能夠讓他們每天展現自己原型特質的行業，戰士就是必須在「戰場」上——不管是運動場或眞實作戰場合。他們喜歡的角色是需要大量動作和行動的工作。

寶劍騎士的理想職業包括：私人偵探、特技演員、武術專家、執法人員、空軍、任何一種職業運動員、自由鬥士，以及維權人士。

寶劍王后

- 元素：風
- 星座：天秤座
- 年齡：22歲以上
- 時機：數月內
- 季節：秋天
- 口頭禪：我關心你的心靈

關鍵字

- 情緒智商很高
- 解決問題的人
- 公正
- 溫言暖語
- 對人和顏悅色
- 永遠知道該說什麼話
- 冰冷無情的話語
- 讓人震驚
- 操縱的話術

◎原型：裁判者

你可以跟這個原型的人坦白所有心中的話，而且他們一定會竭盡所能支持你、幫助你。只要事情還能解決，他們一定會幫你想到辦法。從反面來說，這是一個你不會想要去哄騙的人。他們並不是對什麼事情都溫言暖語，如果你的行爲很蠢，他們根本不會理你。裁判者是完全不講屁話的那種人，面對眞相他們會說出實情，但不表示他們對人沒有同情心。

如果裁判者陷入陰暗面，他們的心腸可能變得很硬或是跟自己脫節，他們會對人非常嚴厲而且殘忍。他們清楚知道人們的把柄在哪裡，而且別人對他們說過的每一句話都會記住，然後爲了自己的利益找機會把事情抖出來。

可以說，溝通是維持一切感情的關鍵，裁判者知道，一對情侶會在一起或者會分手，關鍵就在此。他們想要跟一個能夠敞開心胸、無所不談的人在一起。他們本身也相當忠誠、和善、幽默，而且喜歡享受戀愛的感覺。

寶劍王后的理想職業包括：老師、講師、大使、心靈導師、語言專家、調解人、談判員、脫口秀主持人、演員、心理學家、心理醫生、婚姻諮商師、性愛治療師、律師。

寶劍國王

- 元素：風
- 星座：水瓶座
- 年齡：22歲以上
- 時機：數年內
- 季節：秋天
- 口頭禪：我用理性邏輯來領導

關鍵字

- 理智成熟
- 才智出眾
- 高學歷
- 心思敏銳
- 眼界狹窄
- 位高權重
- 邏輯統治者
- 憑空想像

◎原型：科學家

科學家是天生背負使命的人。他們打從骨子裡覺得自己可以改變世界，只要人們給他們機會。從小他們就很喜歡閱讀、接受教育，而且會盡其所能去學習所有知識。科學家通常威名顯赫，但他們很少拿自己的成就去壓人，或是讓別人覺得比不上他。

這個原型的人，只要他們專注一件事，通常都會表現得非常優秀。如果他們想拿一個博士學位，一定會拿到。如果他們想要當醫生，也一定能當成。如果他們想要讓社會做出激進的改變，也一定能做到。不管做什麼，他們都會閃閃發光。

科學家最喜歡的對象就是能夠跟他講同一個工作行話的人。理論上的辯論或是解決問題都算是一種前戲。愈能激發他們思考的人，對他們來說就愈性感。他們的另一半可能覺得自己在對方心中不是最重要的，事實上的確如此。工作才是他們的第一順位，不過他們的愛也非常濃烈。

寶劍國王的理想工作包括：各個領域的科學家、數學家、制定法律的人、立法委員、律師、檢察總長、資訊科技專家、政治家、發明家、教授、外科醫師或醫生。

權杖侍者

- 元素：火
- 星座：三個火象星座任何一個——牡羊座、獅子座、射手座
- 年齡：嬰兒～11歲
- 時機：數日內
- 季節：夏天
- 口頭禪：我創造

關鍵字

- 跟靈性或創意有關的訊息
- 共時性
- 創意解答
- 創造力很強的人
- 散亂的人
- 惡作劇
- 厚臉皮
- 調皮搗蛋
- 想像力豐富

◎原型：彼得潘

只要可以按照自己的方式做事，能夠自由自在生活，這個迷人的塔羅原型會跟蛋糕一樣甜。他們活得輕鬆自在，而且會盡可能讓自己享受生命。愉快就是他們的小名。一旦進入現實，或是有人要求他們要爲某些事情負責，他們可能會像魔術師一樣丟出一顆煙幕彈然後一溜煙消失，他們不會想去面對現實承擔後果。

假如彼得潘沒有在自我成長上下功夫、讓自己長大，他們一生都會跟家人、情人以及同事處得不愉快。只要事情出了差錯，他們永遠不會認爲是自己的錯，這讓他們身邊的人常常很抓狂。

彼得潘很喜歡嘗試各種不同的職業和興趣，而且會把全部的精力都放在自己眼前喜歡的東西上。當事情開始有難度，他們就會跳到別的事情上。不過這也代表他們確實是多才多藝，而且知識豐富，讓他們能夠輕鬆應付任何益智問答猜謎的場合。

大概所有權杖牌組的理想工作，他們差不多都適合。這個原型的人比其他原型更容易經常轉換工作。對於工作和金錢，他們其實就是抱著一種「管他去死」的心態，對於任何需要長期承擔責任的事情，他們通常有困難。

權杖騎士

- 元素：火
- 星座：射手座
- 年齡：12∫21歲
- 時機：數週內
- 季節：夏天
- 口頭禪：我會排除一切障礙

關鍵字

- 創意行動
- 靈性追求者
- 不斷冒險
- 來者不拒
- 自我發現
- 旅行
- 衝動行事
- 探索

◎原型：冒險家

喔這個人接下來要去的地方是……這是一個眞正獨立的人，只要他們能夠說自己正在學習或是做什麼新奇的事情，他們就會很快樂。無論是嘗試新奇的食物、學習一種新語言、工作獲得晉升、遇到新的戀人，冒險家都想去突破自己的限制。

如果冒險家沒有在自我成長上下功夫，他們可能會變得自私自利、非常自負，瞧不起那些從事穩定工作的人。他們會逃避問題，不想承認事情從來沒有被解決，因爲那樣太麻煩了。

如果你需要有人來幫你跳出框架，解決看似無解的問題，那他們會表現得非常出色。他們會把身邊的人都推到舒適圈之外，並鼓勵他們走自己的路。

權杖騎士的理想職業包括：背包客、極限運動家、消防員、特技演員、導遊、接待人員、旅遊嚮導、旅遊作家或部落客、旅行沙發客、婚禮規劃師、飛行員、瑜伽士。

權杖王后

- 元素：火
- 星座：牡羊座
- 年齡：22歲以上
- 時機：數月內
- 季節：夏天
- 口頭禪：我關心你的靈魂

關鍵字

- 有靈性、屬靈的人
- 透過靈魂來溝通
- 易怒
- 心靈導師
- 溫暖的人
- 靈性滋養
- 豔麗
- 好鬥

◎原型：表演者

請把燈光打過來，謝謝。事實上，這個人自己就是一盞活生生、會呼吸的鎂光燈，所以他們很少需要額外打燈，但如果你要讓他們獲得更多關注，他們也不會拒絕就是了。表演者總是能找到機會一展自己的才華。他們會讓身邊的人非常開心而且充滿驚喜，只要他們有機會踏進任何房間，那個房間就會明亮起來。

表演者如果陷入自己的陰暗面，會從一種性格轉換成另一種個性，然後繼續對人表演，但他們自己卻渾然不覺。他們會見人說人話、見鬼說鬼話，他們不喜歡讓別人看到他們眞實的樣子。

在關係裡面，表演者需要當主角明星。他們想要知道自己在對方心裡永遠是第一位，也因此很容易在關係裡遇到困難。他們會希望對方拿他們來炫耀，覺得跟他們在一起很驕傲。

權杖王后的理想職業包括：演員，這就是這個原型會以此命名的原因。他們也適合從事公關、人力資源工作，成爲專業社交名流、競選活動總幹事、時裝設計師或是流行歌手。

權杖國王

- 元素：火
- 星座：牡羊座
- 年齡：22歲以上
- 時機：數年內
- 季節：夏天
- 口頭禪：我用熱情來領導

關鍵字

- 靈性發展成熟
- 創意先鋒
- 精神領袖
- 教會／宗教領袖
- 狂熱者
- 邪教教主
- 領導者魅力
- 政治家
- 充滿熱情的領導者

◈原型：企業家

他們就是那種照片會被刊登在時代雜誌封面、故事會被拍成電影，講到生命目標他們的字典裡面從沒有「做不到」的人。這個人會去從事大多數人覺得不舒服的冒險和賭注，但是通常他們都會非常成功。

企業家如果陷入自己的陰暗面，只要有人擋在他們前面，就會把對方消滅。他們看不到人，只看得到資源，而且會用盡任何手段來爲自己的下一步鋪路。

這個原型的人會希望他們的伴侶同時是生活與事業的夥伴。在關係中他們會想要握有重大決策的掌控權，因此需要一個能夠跟他們互補的另一半。他們也會希望對方能夠相信他們所做的一切，因爲這對他們來說就是雙方感情會不會破裂的關鍵。

權杖國王的理想職業包括：公司總裁、企業主、董事長、經理、執行長等等。擔任顧問工作、新創公司或是任何一種自營行業，也都非常適合。

聖杯侍者

- 元素：水
- 星座：三個水象星座任何一個——巨蟹座、雙魚座、天蠍座
- 年齡：嬰兒～11歲
- 時機：數天內
- 季節：春天
- 口頭禪：我感覺

關鍵字

- 關於情感方面的訊息
- 天真
- 無條件的愛
- 單純樸實
- 愛做白日夢
- 敏感
- 剛生小孩或懷孕

◈原型：共感人

共感人可以說是環境情緒與能量的測量器。他們能夠感知自己所在空間的氣氛，知道即將發生什麼事，而且他們非常難被誤導，因爲什麼事情都逃不過他們的眼。雖然他們非常敏感，但這不是什麼缺點；這是一項眞正的天賦禮物——特別是當這份天賦經過鍛鍊，成爲他們的人生助力時。

在工作或情感關係中，這個原型的人通常很難說出心中的話，因爲他們對於自己和對方都有很多矛盾衝突的感受。他們喜歡跟人相處，特別是那些非常了解他們、能夠允許他們做自己的人。

可以自己安排時間表的小生意，對這個原型的人是非常適合的工作，因爲他們可以更有效管理自己的能量。這並不是說共感人不能在大型公司或傳統辦公室上班，但如果能夠讓他們自己決定要把精神投注在哪些地方、要花多少時間在上面，他們的潛能通常會發揮得更好。

只要是跟創意能量和藝術有關的工作，都是聖杯侍者的理想職業，比如：畫家、詩人、作家、演員、雕塑家、舞蹈家、視覺藝術家等。

聖杯騎士

- 元素：水
- 星座：雙魚座
- 年齡：12～21歲
- 時機：數週內
- 季節：春天
- 口頭禪：愛是最崇高的力量

關鍵字

- 依感覺而行動
- 透過愛情認識自我
- 透過感受發現自我
- 詩情畫意
- 風流才子
- 痴情
- 為愛奉獻

◈原型：浪漫情聖

把床頭板抓緊，遇到這個原型的人，刺激的旅程就要開始嘍。如果你要找的是一個能夠把你捧在手心上、對你呵護備至的人，那除了浪漫情聖之外，大概找不到了。他們會用美酒佳餚款待你，貼心之至無人能及。但是千萬別妄想他們會把自己的公寓鑰匙交給你。

如果浪漫情聖沒有足夠的自覺，會讓一堆人心碎，而且會在背後批評他們的前任和朋友。浪漫情聖的陰暗面出現時，帶給對方的傷害非常大。他們會拿了自己想要的東西之後，轉身就走。

這個原型的人真的非常有創意和表現力，因此會進入各種形式的藝術領域。他們喜歡用各種媒材來創作，而且會讓自己置身於各種美麗的東西當中。他們很在意自己的個人社交形象，覺得好像自己必須堅持某一種角色，因此要努力去維護。

聖杯騎士的理想職業都跟藝術有關，像是：平面設計、視覺設計、攝影師、詩人、演員、歌手、紋身藝術家、作家、舞蹈家。

聖杯王后

- 元素：水
- 星座：巨蟹座
- 年齡：22歲以上
- 時機：數月內
- 季節：春天
- 口頭禪：我關心你的情緒

關鍵字

- 感性之人
- 情緒平衡
- 照顧者
- 關照
- 被動式權力
- 情感操控
- 戲劇女王
- 自我犧牲

◎原型：神祕主義者

這個原型的人可以用兩個字眼來總結：神祕和神奇。如果你覺得這個人好像神神祕祕，哪裡怪怪的卻說不上來，這剛好就是他們要的。他們本人就是一座會走動的精神感應無線電台。

假如他們陷入自己的陰暗面，他們會淚腺全開，然後又從沸騰的情緒迅速降到北極冰點。

他們最想要從自己伴侶身上得到的，就是眞正的接納，而且會把自己的直覺天賦藏起來，除非他們覺得安全，才會對情人或甚至家人說出內心最私密的部分。

聖杯王后的理想職業包括：治療師、諮商師、助產士、陪產婦、醫生、護士、自然療法治療師、草藥學家、中醫師、整骨師、薩滿巫醫、女巫、塔羅占卜師、社會工作者，以及靈媒。

聖杯國王

- 元素：水
- 星座：天蠍座
- 年齡：22歲以上
- 時機：數年內
- 季節：春天
- 口頭禪：我用我的心來領導

關鍵字

- 成熟
- 情感堅強
- 情緒測量表
- 一家之主
- 高敏感的新時代人
- 缺乏同情心
- 封閉情緒

◎原型：黑帝斯

情意深厚而且體貼。這個原型的人一眼就可以看進你靈魂深處。他們想要探索生命的各個層面，而且不害怕去碰觸禁忌的話題或工作。

如果他們沒有對自己的陰暗面有所自覺，他們可能會走偏和操縱別人。甚至變得殘酷無情。

他們的愛非常強烈而且全心付出，會為他們所愛的人做任何事。對他們來說，家人是最重要的。一旦遭到分手或背叛，他們很難原諒對方。

聖杯國王理想的（或可能從事的）職業包括：醫生、人道救援工作、治療師、心理學家、哲學家、藝術家、精神領袖、禮儀師（殯葬業者），或是安寧照護工作者。

"Translated from"
Your Tarot Court：
Read Any Deck With Confidence

Published by Llewellyn Publications
Woodbury, MN 55125 USA
www.llewellyn.com

Published by arrangement with Llewellyn Publications, a division of Llewellyn Worldwide LTD. through LEE's Literary Agency

塔羅宮廷牌

出　　版／楓樹林出版事業有限公司
地　　址／新北市板橋區信義路163巷3號10樓
郵政劃撥／19907596 楓書坊文化出版社
網　　址／www.maplebook.com.tw
電　　話／02-2957-6096
傳　　真／02-2957-6435
作　　者／伊索妮・朵恩
翻　　譯／黃春華
企劃編輯／陳依萱
校　　對／黃薇霓
港澳經銷／泛華發行代理有限公司
定　　價／420元
出版日期／2021年5月

國家圖書館出版品預行編目資料

塔羅宮廷牌 / 伊索妮・朵恩作；黃春華翻譯. -- 初版. -- 新北市：楓樹林出版事業有限公司, 2021.05　面；　公分

ISBN 978-986-5572-15-0（平裝）

1. 占卜

292.96　　110001376